La
Fuente de Tu Poder

OTROS LIBROS POR JOHN-ROGER, D.C.E.

Para más información, contactarse con el
Movimiento del Sendero Interno del Alma (MSIA)

P.O. Box 513935,
Los Angeles, CA. 90051-1935 – EE.UU.
Teléfono: (323) 737-4055 en EE.UU.
pedidos@msia.org   www.msia.org

La
Fuente
de Tu
Poder

JOHN-ROGER, D.C.E.

Traducción al español por Myriam Acevedo y Aurora Garrido
Revisión de la versión actualizada por Alicia Landa
Coordinación por Nora Valenzuela

Titulo original: *The Power Within You*

Mandeville Press
P.O. Box 513935
Los Angeles, CA 90051-1935 (EE.UU).
Teléfono: (323) 737-4055 (EE.UU).
jrbooks@mandevillepress.org
www.mandevillepress.org

ÍNDICE

RECONOCIMENTOS

A esos queridos corazones y talentosos artistas que contribuyeron en la producción de este libro en inglés y en español, les extendemos nuestro profundo amor y aprecio.

Pauli McGarry Sanderson, editora de la primera edición; Ken Thackweil, editor de la segunda edición; Stede Barber, producción y diseño; Betsy Alexander, revisión de texto; Ingrid Avallon, diseño; Muriel Merchant y Holly Duggan, asistentes al editor; Vicky Marriot y Maggie Stuhl, asistentes de producción.

A las traductoras Myriam Acevedo, Aurora Garrido, Alicia Landa y Nora Valenzuela.

CAPÍTULO I

EL
PODER
DE TU
MECANISMO
INTERNO
DEL ÉXITO

Hay un solo Dios. Hay un solo intelecto, que es el intelecto de Dios. Hay un solo cuerpo, que es el cuerpo de Dios. Eres parte de Dios. Eres una extensión de la energía espiritual. Llamaremos a esta energía "mente universal" para poder localizarla. La puedes llamar mente subconsciente, si prefieres. Podrías utilizar cualquier palabra para referirte a esta energía, en tanto te mantengas abierto y fluyas libremente con la información que voy a darte.

Siempre se te extiende esta energía universal. Tienes la capacidad de tomarla y trabajar con ella a través de tu mente consciente. Puedes usarla para crear ídolos y venerarlos, o sillas para sentarte. Puedes crear felicidad o desesperanza. A ella no le importa la forma que adopte porque, en esencia, es amorfa y está universalmente presente.

Puedes decidir cuánta energía deseas utilizar y hacer con ella lo que gustes; tienes libertad de elección. Como en todo, esto tiene su pero, por cierto. Y es que se te hará responsable de todo lo que crees. Se te pedirán cuentas por tus creaciones. Ésa es la ley. A veces, la interpretamos como: "Eso significa que es 'sólo por hoy'. ¡Mañana no importa!", y entonces nos tomamos todo tipo de libertades con nuestro poder creativo. Pero mañana se convertirá en *ahora*, y en un año más seguirá siendo *ahora*. El *ahora* es eternidad. De hecho, estás presente en el ahora eterno, trabajando las energías que te llegan.

Una de las energías que posees en tu interior, es lo que llamamos mecanismo del éxito que, perdonando la expresión, se muere de ganas de triunfar. Verdaderamente desea llevarte a donde quieras ir. Si aprendes a trabajar con este mecanismo, el éxito vendrá hacia ti muy fácilmente. Uno de los obstáculos para alcanzar el éxito, sin embargo, es no entender bien el proceso del triunfo. Para ayudar a entenderlo mejor, vamos a usar la palabra "éxito" como una sigla que aclarará algunas ideas sobre el proceso.

La primera letra, la E es de *entusiasmo*. Con tu entusiasmo te mantienes enfocado en tu meta. Cada vez que se te presenta algo que se podría considerar como un obstáculo, recurres a la ley espiritual del entusiasmo y te elevas por sobre el obstáculo, lo evitas, pasas por debajo o pasas a través de él, haciendo lo que sea para regresar al camino y tener la meta a tu alcance de nuevo.

La X de *xenofilia*, o sea cordialidad con los extraños. Es fácil vibrar con lo que amamos, pero es un desafío acercarnos con amor a las personas que no conocemos. La naturaleza de nuestro principio de honestidad debe ser muy elevada, no debes usar o abusar de las personas, y todo lo que hagas debe ser para ayudarles, sin imponerles tus ideas, sino más bien dándoles la oportunidad de que también experimenten el éxito.

La I es de *integridad*. Si eres íntegro, tendrás valentía. Eso significa que, una vez que dices que quieres alcanzar una meta y que entiendes bien de qué se trata, tienes la valentía de ir a su encuentro. Tienes la capacidad para alcanzar el éxito. Has definido lo que quieres y lo sigues hasta que lo consigues.

La T es de *tolerancia*. Si eres tolerante contigo mismo, lo serás con los demás. Eso te colocará en una actitud de caridad, de modo que cuando alcances tu objetivo, éste no será un fin egoísta, sino que serás caritativo con las otras personas. Mucha gente podrá compartir contigo tu riqueza, producto del éxito obtenido, aunque no necesariamente será financiera, sino más bien tu conciencia de éxito.

La última letra es la O de *oro*. Estarás de pie en el resplandor de la Edad de Oro y atraerás prosperidad, claridad y abundancia en todos los niveles.

Cuando alcances tu meta, podrás afirmar: "Soy un triunfador", pues te sentirás satisfecho. Aunque eso no significa necesariamente que te vayas a sentir pleno o completo, pero serás capaz de decir: "Hice tal cosa y estoy satisfecho con el resultado. Ahora puedo seguir con otra cosa y aprovechar lo que aprendí".

Algunos de los misiles teledirigidos más sofisticados han sido diseñados para derribar otros misiles en el espacio. Los misiles como éstos tienen un mecanismo que les avisa cuando se desvían, pero el mecanismo no les avisa si llevan el curso correcto; los misiles simplemente continúan disparando y avanzando. Pero en cuanto se desvían un poco, un mecanismo interno les dice: "Muévete un poco hacia la derecha". Los misiles se corrigen automáticamente, y eso se conoce como mecanismo integrado de feedback negativo. La información se repite hasta que el misil ha recuperado su curso correcto. Al acercarse a su objetivo y próximo al impacto, se apaga el mecanismo cue lo mantenía en curso y se activan otros sistemas que lo preparan para esto. El sistema que nosotros tenemos, y que nos guía para que nos mantengamos en el sendero espiritual mientras estamos en el cuerpo físico, funciona bastante parecido al mecanismo que acabo de describir y el concepto del feedback negativo es bien conocido.

Si tienes un examen mañana y te vas esta noche al cine, comenzarás a recibir feedback negativo. Quizás tu estómago empiece a retorcerse por la tensión o te duela la espalda. A veces, te puedes sentir culpable o nervioso y cuando éste es el caso, la gente suele decir: "¡Qué terrible!". No obstante, la mayoría de nosotros ha dicho en alguna ocasión: "¡Señor! Muéstrame el camino, por favor. Sí sólo tuviera alguna indicación, si supiera cuando estoy cometiendo un error y pudiera corregirlo antes de que no fuera demasiado tarde, ¡qué dichoso me harías!". Las indicaciones, las tienes. Vienes con ellas. Lo único que se te pide es que te vuelvas lo suficientemente consciente como para reconocer lo que es el feedback negativo y comiences a mover tu conciencia a fin de corregir tu curso.

Cuando vayas a escoger algo o a tomar una decisión, pon atención. Imagínate optando por una de las alternativas. Mentalmente visualiza las consecuencias de esa decisión. Haz como si estuvieras en esa situación, siéntela. Si recibes feedback negativo, corrige tu curso. Con la imaginación, decide la otra cosa. Repite el proceso. Ve hacia donde te lleva tu nueva decisión aplicando la lógica.

Quizás no sea totalmente exacto lo que imagines, pero probablemente estarás cerca. Con algo de práctica, puedes llegar a ser bastante preciso. Puedes evaluar tus posibilidades haciendo esto. Cuando elijas una en que no produzcas feedback negativo, ésa tal vez sea la tuya. No habrá resistencia, todo será claro. Entonces, todo lo que tienes que hacer es emprender lo que has elegido.

Puede que te encuentres diciendo: "Es que ya me ha pasado que he sentido que podía seguir adelante, pero después me encontré con muchos problemas". Este sistema de feedback negativo es sofisticado, es sutil. Hay muchas variaciones y cambios. Desde muy temprana edad fuiste programado con relación a tu medio ambiente y has olvidado algunas de las cosas con las que te programaron. Pero la programación sigue ahí, como un proceso automático, como cuando estiras el brazo para alcanzar algo o cuando hablas sin pensar en la siguiente palabra. Todas esas cosas son respuestas que alguna vez fueron aprendidas y que ahora son automáticas; tal como los computadores que siguen una rutina determinada cuando los enciendes.

Es necesario mirar muy de cerca lo que está sucediendo para poder distinguir las áreas que están siendo dirigidas conscientemente y las que reaccionan automáticamente. Quizás encuentres áreas que te gustaría reorganizar para que estén más equilibradas con relación al proceso que estás tratando de concretar.

La conciencia humana está estructurada de una forma que es capaz de vivir con un grado bastante alto de dolor -físico, emocional, mental, etc.-, y aguantarlo durante un tiempo tan largo, que llega a acostumbrarse a él. Una vía saturada de dolor, al cual uno se ha acostumbrado, puede parecer como la de menor esfuerzo, así que sigues por ahí durante un tiempo, que puede ser bastante largo. Quizás estés sintiendo el feedback negativo que te dice lo que está sucediendo, pero como estás acostumbrado al dolor, no le prestas atención. Entonces, cuando estás a punto de explotar dices: "Pero si no tuve ningún feedback negativo". Si te tomas el tiempo para mirarlo de cerca, probablemente veas cuál fue y cómo se te pasó por alto.

A veces, te acostumbras tanto a las cosas que dejas de notarlas. Te vuelves, en cierto sentido, poco crítico en tu pensar. Quizás, el lunes te pones de acuerdo con alguien para verlo el viernes. A medida que el viernes se acerca, empiezas a sentirte incómodo con respecto a la reunión, pero como te comprometiste con días de anticipación, la llevas adelante. Sin embargo, tan pronto ves a la persona, te das cuenta de que no era el momento adecuado. Piensas: "¿Por qué no habré cancelado este encuentro y dejado para otro día?". Lo más curioso es que la otra persona puede que también haya sentido lo mismo, pero tampoco dijo nada.

Generalmente, es mucho mejor fluir con lo que tu mecanismo del éxito te indica. Cuando le haces caso, tu sistema de feedback se vuelve más preciso y más acertado. Debes prestarle siempre mucha atención a tu sistema de feedback, si quieres convertirte en una persona con dirección, en lugar de en alguien que dispare "a las tontas y locas" esperando dar en el blanco.

¿Cómo funciona este sistema? A veces, por medio de otras personas. Alguien a quien le estás hablando levanta una ceja o cierra levemente los ojos cuando dices algo. Por lo general, estas señales te están diciendo que tengas cuidado, que es posible que caigas en una discusión. Si notas que el párpado inferior de la otra persona se levanta un poco, te conviene abandonar el punto de vista que estás defendiendo y cambiar de tema.

También puedes "tirarle la pelota" a la otra persona y preguntarle: "Dime, ¿cuál es tu idea? Creo que no la entendí bien". Con eso, le das la oportunidad a ella de desarrollar su punto de vista y dejar de sentirse amenazada por ti. Luego, tienes tú la oportunidad de desarrollar tu punto de vista, pero ya no se trata de una discusión sino que se convierte en un intercambio de ideas, en comunicación.

Si la conversación se vuelve a acalorar y notas que la persona comienza a ponerse tensa, retrocede nuevamente. Di: "No estoy seguro de estar entendiendo tu idea con claridad. ¿Podrías repetírmela con otras palabras? O quizás podrías hacerlo más despacio". Eso es comunicarse y ser efectivo. La gente te da feedback negativo a través de sus respuestas, pero tú puedes darlo vuelta y utilizarlo de manera positiva para hacer que tu comunicación sea más efectiva.

En ocasiones, puede que el sistema de feedback negativo tome la forma de una irritación cuyo origen desconoces. Es posible que el mecanismo del éxito te esté diciendo que te alejes del lugar por un rato, que estés a solas hasta que recuperes tu equilibrio positivo. Tal vez lo mejor sea que te vayas a otro cuarto, cierres la puerta y te centres nuevamente. Podrías tomarte un momento para observar tu irritación y ver si puedes identificar su origen, revisando lo que pasó en los últimos minutos u horas.

Por ejemplo, si diez minutos antes te sentías equilibrado, pero entonces entró Susana al cuarto en que estabas y ahora te sientes irritado, esa irritación puede ser de ella. O puede ser algo tuyo, una reacción detonada por ella. Una forma de averiguarlo, si no estás seguro, es preguntarle a Susana: "¿Venías molesta por algo cuando entraste a la habitación?". Quizás te responda que acababa de tener una discusión con su jefe y que venía furiosa con él. Ahora sabes de dónde provino tu irritación. Pero si te dice: "No.

Me siento bien.", tienes que mirar con mayor profundidad dentro de ti para encontrar la causa de la irritación.

Puedes volverte muy experto trabajando con tu sistema de feedback. Si te sensibilizas a él, serás capaz de captar las irritaciones más pequeñas. Si te acostumbras a confrontar esas situaciones y las despejas de inmediato, probablemente puedas evitar cualquier problema antes de que éste ocurra.

Aunque es necesario fijarse muy bien para captar el feedback negativo, no es difícil hacerlo si estás alerta. Y cuando aciertas, te sientes muy bien. Si algo te resulta difícil, es el mecanismo de feedback que te está diciendo: "¡Cuidado! Te estás saliendo de curso". Te está advirtiendo para que tomes mayor conciencia de ti mismo y de los demás. Ábrete a ese mecanismo y descubrirás que te conviertes en un experto en el trato con la gente y en cómo te manejas a ti mismo.

Una de las actitudes que puede ser un obstáculo grande en tu progreso espiritual es la de: "Yo tengo razón y los demás están equivocados". "Los demás" podrían ser tu cónyuge, tu jefe, tus padres, tus hijos, o cualquier persona. Desde luego, "los demás" captan tu actitud y se les dificulta de sobremanera la comunicación contigo. Dicha actitud puede ser increíblemente sutil y afectar muchas áreas y causar enormes dificultades.

Has pensado alguna vez, mientras participas en una charla: "¡Caramba! Ojalá mi pareja estuviera aquí escuchando esto. ¡Esto es para él (o ella)!". En realidad, ¡es para ti! Puedes estar tan ocupado buscando los defectos de los demás afuera, que no prestas atención a tu sistema de feedback que te está señalando tus propios defectos.

Hay una técnica muy buena que te ayudará a armonizarte contigo mismo y con los sistemas internos de verificación de cuán equilibrado estás. Al principio, puede que tardes un poco, pero luego, al volverte más hábil, lo harás en menos tiempo. Fija una hora determinada para evaluar tu semana que termina. Quizás desees hacerlo los domingos por la noche, por ejemplo. Te buscas un lugar tranquilo en donde nadie te moleste y te pones cómodo. Mentalmente, regresa al último domingo y mira lo que ocurrió durante la semana. Sé lo más detallista que puedas. (Algo que funciona bien es utilizar para esto tu diario espiritual). Comienza a revisar la semana. Mira dónde fue que perdiste el rumbo, con quién tuviste problemas, cuáles fueron las situaciones y si se resolvieron. (Esta técnica es también bastante efectiva si se la practica diariamente).

Al principio, existe la gran tendencia a mentirte a ti mismo. Recuerdas una situación y rápidamente piensas: "Bueno, la culpa fue de ella. Y, en cualquier caso, tampoco importa", y sigues adelante. Si sientes que evitas mirar alguna situación con mayor detenimiento, probablemente eso signifique que no está despejada. Si descartas una acción pero te encuentras pensando en ella una y otra vez, posiblemente la misma no haya sido despejada. De lo contrario, ni la recordarías y tendrías mucha energía, pero si no es así, la misma está apareciendo nuevamente para que la revises.

Cuando recuerdes algo y sientas una energía intensa, es mejor que le eches una mirada. Repasa toda la semana, día por día, mirando lo que sucedió. Si encuentras conflictos que no han sido resueltos, busca la manera de resolverlos. De otra forma, los niveles inferiores de conciencia se quedarán prendidos a esos patrones, tratando de despejarlos por la vía que sea, y encontrarás que tu energía se dispersa. Cuando realmente hayas despejado los conflictos en tu conciencia, será cuando estés más en equilibrio contigo mismo y sentirás que toda la energía creativa fluye activamente dentro de ti.

Existen varias maneras de resolver o despejar una situación. La mejor, si puedes, es ir donde la persona con la que tuviste el conflicto y aclararlo de manera consciente. Es fácil. Puedes decir: "¿Recuerdas la conversación que tuvimos el otro día? Volví a pensar en lo que hablamos y no estoy seguro de cómo terminó. ¿Me lo puedes aclarar?". Quizás la persona te diga: "¡Ah, eso! Verás, después de volver a pensar en ello, entendí tu punto de vista". Entonces, puedes ser cortés y decirle: "¡Qué maravilloso! En realidad, yo también entendí el tuyo". Así que, en lugar de tener una relación tensa, ahora tienen una relación armónica y de respeto mutuo. Puedes dejar ir todas las tensiones de tu conciencia y ser libre.

Si en un examen recibes una calificación que no crees merecer, es posible que te sientas resentido con el profesor, pero tienes miedo de ir a preguntarle el motivo de la nota. Si te quedas con ese resentimiento, obstaculizarás el intercambio de energía entre el profesor y tú, y eso hará mucho más difícil que obtengas buenas calificaciones en el futuro. Ve con tu profesor y háblale acerca de tu calificación. Explícale cómo te sientes y cómo ves la situación tú. Puede que, en vez de cambiarte la calificación, el profesor te explique cómo calificó tu examen y por qué obtuviste la nota que te dio. Pregúntale cómo puedes mejorar en el futuro. Pídele que trabaje contigo y que te ayude a mejorar. Así se abrirán los canales de comunicación entre ustedes, el profesor te entenderá y tú comprenderás mejor qué es lo que él espera de ti. Esta situación se despejará con toda seguridad.

Cuando recién empieces a evaluar los acontecimientos de tu semana, es posible que pases mucho tiempo hablando con la gente para despejar situaciones y lograr que tu conciencia las entienda. Eso está bien. Será un tiempo bien empleado. Aunque normalmente es fácil ser honesto con las demás personas y decirles en qué están equivocadas, quizás te duela decirte a ti mismo cuando estás equivocado. Pero si continúas confrontándote con situaciones de una manera abierta y honesta, comenzarás a darte cuenta de tus errores antes de que éstos sucedan. Cuando sepas que estás equivocado, ve y pídele disculpas a la persona. Si ya te has disculpado con tu madre cinco veces durante esta semana y empiezas a cometer el mismo error, el sistema de feedback negativo te hará saber que ésa será otra situación por la que tendrás que disculparte.

Es posible que llegues a la conclusión que, si mantienes la boca cerrada, puedes evitarte la situación. Recuerda cuál fue la señal de tu sistema de feedback negativo para que puedas reconocerla la próxima vez. Quizás aprietas los dientes antes de explotar, o sientes un nudo en el estómago, o tu corazón empieza a latir con más fuerza. Ésas son señales. Búscalas. Son como luces de precaución. Cuando se enciendan, detente y revisa conscientemente qué está ocurriendo. Entonces, en lugar de reaccionar ante la situación, toma tú el control de ti mismo. Puedes decir algo como: "¿Podríamos discutirlo después? Realmente tengo que marcharme ahora". O puedes darle a la otra persona la razón, mantenerte tranquilo y decirle: "Qué interesante tu punto de vista". Simplemente déjalo ir. Existen alternativas de todo tipo.

Si no tienes la oportunidad de ir donde la persona y aclarar la situación, hay otras cosas que pueden despejar tu estado de desequilibrio interno. Si eres tú quien creó la situación conflictiva, una forma de hacerlo es perdonarte simplemente por tu error de conciencia. Envíale amor a la otra persona y la energía de tu conciencia de Luz, y luego pide la Luz para ti mismo y perdónate por lo que hiciste. Si en verdad crees que la situación fue creada por la otra persona, perdónala y deja ir el dolor o el enojo, o lo que sea a lo que estás apegado. Simplemente libéralo de tu conciencia. No te aferres a eso y permite que se vaya.

Una forma que ayuda a liberarlo es cambiando tu percepción de la situación por medio de la imaginación creativa. Si la misma terminó con palabras amargas y sentimientos heridos, modifícala con tu imaginación y hazla terminar con palabras de amor y respeto mutuo. Visualízate feliz, lleno de amor por la otra persona.

No digo que sea fácil. Parte del dolor se queda contigo, debido a que el ser inferior se ha apegado a él y constantemente recrea esas imágenes. Si efectivamente puedes cambiarlas, el ser inferior aceptará las nuevas imágenes y se sentirá más cómodo con ellas. Dejará ir el dolor y probablemente olvides todo lo referente al incidente. Este proceso puede tomarte algún tiempo, ya que el mismo requiere de práctica para que se vuelva efectivo y llegue a cambiar las imágenes de ciertas situaciones. Pero sigue intentándolo, porque puede ser una muy buena herramienta para liberar algunos obstáculos de la conciencia inferior.

Encontrarás que tu vida se vuelve cada vez más tranquila, si evalúas constantemente tus acciones de una manera responsable y consciente y te tomas el tiempo y el esfuerzo para despejar las situaciones que están fuera de equilibrio. Tendrás una conciencia libre la mayor parte del tiempo y eso te dará la energía para lograr más cosas positivas, sintiéndote más pleno y satisfecho.

Uno de los mayores obstáculos para alcanzar el éxito es ponerse una meta irreal. Los seres humanos estamos acostumbrados a trabajar por objetivos. Muchos de los estados depresivos de la gente se expresan así: "Quiero ir a algún lado, pero no sé a cuál. Quiero hacer algo, pero no lo que estoy haciendo. No sé realmente lo que quiero hacer, y si parezco algo confundido, bueno, ¡eso también es parte de mi problema!". Cuando las personas me dicen esto, les digo:

–Debes fijarte una meta.
–Lo sé, lo sé –me contestan–, pero no tengo una meta definida. ¿Cómo me pongo una meta?
–¿Cuáles son tus fantasías, tus sueños? –les pregunto.
Y puede que sigan diciendo:
–Simplemente no lo sé.

A todos nos ha pasado. La clave está en reconocer que hay metas a corto plazo y metas a largo plazo. Tu insatisfacción y depresión, en gran medida, puede que se deban a que no te has fijado metas a largo plazo. Si no lo has hecho y no las tienes muy claras, enfócate en las metas a corto plazo primero y ten éxito en eso.

¿Cuáles son algunos ejemplos de metas a corto plazo? Puede ser lavar la ropa, arreglar tus papeles para el trabajo del día siguiente, ir al mercado y asegurarte de que tanto tú como tu familia tengan buenos alimentos a su disposición, o estudiar tres horas seguidas antes de tomar un descanso. Todas ésas son metas. Tienes que *saber* que son metas. Si dices que no sabes lo que estás haciendo, te estás bloqueando. De hecho, sabes lo que estás haciendo, pero puede que no lo hayas reconocido como una meta.

Las metas no tienen que ser importantes para nadie más que para ti. Pueden ser simples y directas, y brindarte mucha felicidad, satisfacción y realización cuando las asumes por lo que son. El proceso del éxito es el mismo, ya sea que las metas sean pequeñas o grandes. Puedes practicar y convertirte en un experto en lograr metas pequeñas, transfiriendo ese mecanismo de éxito hacia áreas de mayor envergadura después.

Algunas mujeres que se deprimen o no se sienten satisfechas con sus roles de amas de casa o de madres de familia, es porque no han reconocido las tareas que realizan como metas valederas. Tienen una opinión tergiversada de los hechos. La meta de tener la casa limpia y hacer la cena es tan importante como ganar un juicio de varios miles de millones de pesos. Es tan sólo la opinión lo que hace que uno parezca más importante que lo otro.

Se cuenta la historia de un hombre que perdió mucho dinero y quedó en la ruina. Hablando con un amigo, le dijo: "Estoy arruinado. No tengo un centavo. Caí en desgracia". El amigo no estuvo de acuerdo con él en todo y le contestó: "Entiendo que hayas quebrado, ése es un hecho. Pero que estés arruinado y hayas caído en desgracia, es tu opinión". Esa manera de ver la situación invalidó cualquier pretexto para fracasar. El hombre que había perdido el dinero se miró a sí mismo con nuevos ojos, cambió de negocio e hizo mucho más dinero del que tenía antes, además, sintiéndose bastante más feliz con su nuevo trabajo. En muchas ocasiones, lo que está pasando no es realmente el problema, sino tu opinión *acerca* de eso.

La gente me dice:
—Me siento tan solo, ¿qué puedo hacer?
—Dime qué está pasando; describe los hechos —les pido yo.

–Voy al trabajo –contestan– y hago mi trabajo. No molesto a nadie. Nadie me molesta a mí. Llego a casa, me preparo la comida y me siento a ver televisión. Hago lo mismo todos los días. Estoy muy solo.

–Ahora, dime lo que sucede –les digo yo.

–Voy al trabajo… –empiezan de nuevo.

–Ya entendí todo eso –contesto–. El hecho es que estás solo. Es tu interpretación de estar solo lo que llamas 'soledad'. Pero podrías estar con cuatro personas más en tu casa e igualmente sentirte solo.

Puedes decir que estás solo, ya que ése es un hecho, pero seguir estando feliz y experimentar el éxito a pesar de eso.

Debes utilizar la imaginación creativa para crear tu éxito. En la pantalla interna de tu mente, el teatro de tu ser, imagina situaciones exitosas. Por ejemplo, imagina que vas caminando por la calle entre la multitud. Mientras caminas por la calle en tu conciencia, ves que enfrentas una situación difícil. En ese momento, no retrocedes y tampoco te obligas a nada. Sólo mantienes esa imagen en tu mente y ves cómo resuelves la situación con toda comodidad. En ese punto, la imagen de tu pensamiento positivo regresará a través de tu conciencia y comenzará a despejar la sensación de presión. Tal vez tengas que mantener esa imagen durante mucho tiempo y repetir los pasos de este procedimiento más de una vez, pues es posible que estés modificando años de condicionamiento.

Mientras te imaginas que caminas entre la gente, con la intención de no sentir las fobias que afectan tu conducta y tu relación con los demás, te ves rodeado de una luz blanca muy hermosa. Haz que la imagen sea tan bella, como la más bella de las Navidades o del más hermoso espíritu de Semana Santa, o de la ocasión que quieras. Coloca esa belleza y ese amor alrededor de ti. En el teatro de tu mente, permite que la gente se te acerque, te hable y te sonría. Incluso más, imagínate que les devuelves la sonrisa.

Te has mentido tanto, que hay una parte de ti que cree que esto es una mentira más, otra traición, otra frustración. Esa parte tuya que ha sido traicionada, quizás no esté muy dispuesta a cooperar. Pero después de que hayas hecho esta técnica de visualización varias veces, esa parte te empezará a tomar en serio y en ese momento comenzarás a cambiar. ¿Es esto hipnosis? No, porque no estás durmiendo. De hecho, es una gran capacidad de sugestionarse, y te estás sugiriendo una alternativa positiva. Es pensamiento posibilitario. Estás reconociendo que tienes la posibilidad de cambiar los patrones que no están funcionando para ti.

El concepto del que estamos hablando es el que reemplaces las imágenes que te has impuesto, que son un obstáculo. Es sustituir las imágenes de dudas por verte libre para que puedas sentirte cómodo donde quiera que vayas: ése es el camino hacia el éxito.

Puedes utilizar este teatro mental para despejar enfermedades que tienes en el cuerpo, si las mismas son de naturaleza psicogenética o psíquica. Visualizas esa parte de tu ser, de tu cuerpo sanándose. Si es el hígado lo que tienes mal y no sabes cómo se ve un hígado sano, ayuda a tu imaginación con un libro de anatomía. Esto es más que soñar despierto; es algo más activo y directo en la conciencia. Estás imaginando deliberadamente las cosas que quieres que te sucedan. Después, sales al mundo y trabajas para hacer que la realidad exterior coincida con la visión interna.

Hay muchos que le tienen miedo al éxito y recrean su propio fracaso continuamente. Es increíble, pero cierto. Puede que estas personas reciban una promoción en su trabajo, que sean eficientes, que hayan ido teniendo éxito de a poco hasta llegar a la cima, pero de pronto, renuncian o las despiden. O tal vez la compañía quiebre; algo sucede y el éxito que habían alcanzado se esfuma, porque ellas no son capaces de manejarse con una conciencia exitosa.

Sin embargo, todos somos merecedores del éxito. Potencialmente, podemos triunfar en todo lo que emprendamos. La gente pregunta: "¿Pero cómo puede haber dos personas triunfando en el mismo campo de trabajo?". Es fácil, uno triunfa en México y el otro en Colombia. ¿Pueden tener éxito los siete mil millones de personas que habitan este planeta? ¡Desde luego que sí! Todos pueden tener éxito, cada uno a su manera. Si los siete mil millones de personas tuviéramos éxito, la Tierra sería un paraíso terrenal; estaríamos viviendo en el Jardín del Edén.

Todos los grandes maestros de todos los tiempos, los discípulos, los salvadores, los avatares han venido a postular la idea de que el hombre puede visualizar su propia divinidad y su propia elevación. En realidad, es curioso que la gente que trae las llaves para elevarse y desarrollarse, aquellos que estimulan a otros a ser más amorosos y amables, terminen siendo llamados 'emisarios del diablo'. También resulta extraño que se les culpe de hacerlo por dinero, de que están usando a la gente o tratando de apoderarse del país. Por miedo, se asesina a los grandes líderes, pero luego, la gente le reza a Dios pidiendo Su ayuda: "Señor mío, envíame un salvador. Quiero un maestro, un gurú, quiero a alguien que me ilumine y me eleve".

Dios te da muchos maestros, muchos gurúes, mucha gente para que te eleve y te ayude. ¿Qué de la persona con quien te casaste? ¿Qué de tus niños? Ellos son parte de tu plegaria, son la respuesta a ella, son tus maestros enviados por Dios. Todo el tiempo te encuentras con la respuesta a tus plegarias. Tal vez reces por conseguir un mejor trabajo y entonces el jefe te despide. Dices: "Dios mío, ¿y qué voy a hacer ahora?". Bueno, es que no podías tener un trabajo mejor mientras te encontraras en el que tenías. Ahora estás libre para conseguir el trabajo que realmente quieres.

A modo de experimento, que puede resultar bastante interesante, tómate algunos minutos para escribir un obituario personal. Si fueras a morir ahora, ¿qué dirías acerca de tu persona? ¿Escribirías algo de ti que hiciera sentir bien a otro? ¿Contarías que has tenido tres automóviles, una casa de campo y una cuenta muy gorda en el banco? O te gustaría escribir: "Alcancé todas las metas que me propuse en la vida". O algo como: "Quise mucho el lugar donde vivía y lo embellecí lo más que pude". O quizás: "Amé verdaderamente a mi familia. Eduqué a mis hijos dentro de la conciencia del amor". ¿Qué escribirías en tu obituario, si lo hicieras en este momento? ¿Estarías orgulloso de lo que escribiste? Éste es un ejercicio muy interesante. Puede que te dé ciertas luces de dónde estás ahora y hacia dónde te diriges.

Cuando te coloques una meta, ya sea a corto o largo plazo, imagínate que la alcanzas. Utiliza tu imaginación creativa y visualízate logrando tu objetivo. Ésa es una forma buena de estimular el mecanismo del éxito, de echar a andar la máquina. Mantén frente a ti la imagen del triunfo y su concreción y sigue adelante. Momento a momento se irá haciendo obvio lo que tienes que hacer, y todo lo que tienes que hacer es mantener en tu imaginación la visualización de que has triunfado, y dar el siguiente paso obvio para que eso se haga realidad. Esto es vivir en el ahora y eso es el éxito.

Herramientas y Técnicas para el Capítulo I
El Poder de tu Mecanismo del Éxito Interno

Tu Sistema de Feedback Interno

Fija una hora. Quizá desees hacerlo los domingos por la noche, por ejemplo.

Busca un lugar tranquilo en donde nadie te moleste y ponte cómodo.

Mentalmente, regresa al último domingo y mira lo que ocurrió durante la semana. Sé lo más detallista que puedas. Mira dónde fue que perdiste el rumbo, con quién tuviste problemas, cuáles fueron las situaciones y si se resolvieron. (*Esta técnica es también bastante efectiva si se la practica diariamente*).

Si es posible, ve donde la persona en cuestión y revisa la situación con ella para que la relación vuelva a ser armoniosa y de respeto.

Perdónate a ti mismo por cualquier juicio que hayas hecho.

Utiliza tu imaginación creativa para cambiar tu percepción de la situación.

Claves

Podemos visualizar nuestra divinidad y elevación.

Todos nos merecemos el éxito.

Afirmaciones

Me merezco el éxito.

Estoy creando y cumpliendo metas en las áreas que me elevan.

Soy divino.

Uso todo para elevarme.

Estoy tomando mayor conciencia de mi sistema de feedback interno y usándolo para elevarme a mi mismo y a los demás.

Me perdono por cualquier juicio que haya hecho.

Me amo y me acepto tal cual soy.

CAPÍTULO II

EL
PODER
DE LA
MENTE
UNIVERSAL

La acción de "poner en la Luz" algo, puede ser muy interesante. Le ha dado muchas cosas a mucha gente y, a veces, ellos han recibido algo que ni siquiera sabían que necesitaban. Hace unos años, un señor me llamó por teléfono y me dijo:

–John-Roger, necesito un trabajo. ¿Podrías hacer algo para que consiga uno?
–Lo pondré en la Luz y veremos lo que sucede –contesté yo.
Algunos meses más tarde, me llamó bastante molesto porque todavía no había conseguido un trabajo. Me dijo:
–Creí que hacías milagros. Dijiste que lo pondrías en la Luz.
–Lo hice –repliqué–. Por cierto, ¿cómo andas de salud?
–Eso es lo único que *ha* cambiado –contestó–. Mi salud está mucho mejor ahora.
–Entonces, ahora sí que vas a poder conseguir tu trabajo –dije yo.

Como una semana después, me volvió a llamar, diciéndome que había encontrado un nuevo trabajo.

–Es increíble que habiendo sido tan estúpido, haya conseguido este trabajo tan bueno –comentó.

–No fue necesariamente estupidez. Fue simplemente no haber visto lo suficientemente hacia adelante, en ese momento. Lo importante es que ahora te das cuenta –le aclaré.

–No habría podido desempeñar este trabajo dijo– si mi salud no hubiera mejorado. Ahora me doy cuenta de que la Luz me sanó para prepararme para este trabajo. Si lo hubiera conseguido unos meses antes, seguro que al primer o segundo día me habrían despedido. Yo habría colapsado ante tanta presión. La verdad es que no sé como agradecerte.

–Pon ese pensamiento en la Luz para la persona que se encuentre en una situación similar a la que te encontrabas tú –le contesté.

–¿Cómo hago eso? –preguntó.

–Creo que ya lo has hecho. Si tuviste las ganas suficientes como para llamarme y decírmelo, estoy seguro de que ya lo has hecho.

Puedes lograr muchas cosas por medio de la mente universal. Cuando rezas para conseguir algo con fervor, en la mente universal hay un lugar en donde esas oraciones se escuchan y se responden. He viajado muchas veces a los niveles de esa fuerza creativa y he visto máquinas lavadoras, automóviles nuevos, ropa nueva y cosas que ni siquiera me habría imaginado. La gente rezó para que le llegaran esas cosas, comenzó el proceso creativo y se detuvo justo antes de obtenerlas. Habían acumulado y adquirido poder para materializar sus deseos pero se detuvieron y ¡estaban a punto de lograrlo! Si hay algo que se me pasó por la mente cuando vi todo eso fue: "Por lo que más quieras, ¡sé persistente!". Si no lo eres, te detendrás justo antes de haber conseguido lo que querías y entonces te arrepentirás de no haber completado la acción.

Cuando paras antes de conseguir lo que quieres, es posible que sientas algo extraño en el cuerpo que dice: "Siento como que tuviera que estar consiguiendo o haciendo algo, pero no logro darme cuenta de lo que es. No me siento completo". Aquello que has creado, es tuyo. Mentalmente lo has poseído y ahora sólo tienes que manifestarlo físicamente. Puede llegarte por intermedio del almacén local o gracias a un vecino. Todo lo que te rodea está preparado para proporcionártelo.

Años atrás, una amiga quería vender su casa y hablamos de programar la mente universal para que consiguiera lo que ella quería. Me dijo: "No he podido vender mi casa. Ha estado a la venta por seis meses sin que haya aparecido ni siquiera un comprador. ¿Me ayudarías a programar la venta de la casa?".

Accedí a enseñarle una técnica. Le pedí que escribiera todo lo que ella quería con respecto a la casa. Detalló todas las ventajas de la casa, todas sus cualidades y lo hermosa que era. Anotó las condiciones de venta que ella deseaba conseguir, el precio que quería, el precio mínimo que aceptaría, los términos de la compraventa, los intereses, todo. Después me lo trajo para que los dos le pusiéramos nuestra energía.

Lo leí y me di cuenta de que mi amiga había empezado a programar a la persona que compraría la casa. Había programado que la persona disfrutaría de la casa, que sería feliz allí, que estaría casado y tendría hijos, y que a toda la familia le encantaría la casa. No era asunto de ella programar todo eso. Quizás el comprador no fuera casado, ni tuviera niños y quisiera hacer algo totalmente distinto con el terreno y la casa. Y estaría en su derecho. Ella se estaba saliendo del área de su incumbencia. Sólo era válido programar la venta rápida de la casa y ver que todos se beneficiaran con ella. Lo demás no correspondía.

Revisé la programación para asegurarme de que todo fuera a salir bien y luego lo cargamos. Le sugerí a mi amiga que lo leyera cien veces para activarlo en la mente universal. Después de haberlo leído cincuenta veces, ella me dijo que ya no sabía lo que las palabras querían decir. Había perdido totalmente la noción de lo que estaba pasando, lo que le produjo un desapego emocional. Después de haberlo leído unas setenta y cinco veces, las palabras volvieron a cobrar sentido, aunque de una forma desapegada. Luego de haberlo leído noventa y cinco o cien veces, dijo que era como si Dios estuviera diciendo esas palabras, por toda la energía que sentía. La casa se vendió en tres semanas. El comprador entró por la puerta e inmediatamente dijo: "¡La compro!". Pagó el precio deseado y con los mejores intereses, y todo salió como estaba planeado.

Existe una clave para programar la mente universal y que muchos metafísicos y maestros en ciencias mentales parecen olvidar decirle a la gente: que deben asegurarse de escribir *todos los detalles*. En su mayor parte, la mente universal es una energía neutra. No tiene opinión ni interés alguno en ti o en tus peticiones. Es sólo energía. Así que, si eres descuidado y programas algo incompleto o tonto, recibirás lo que pediste. Nada más ni nada menos. Estás trabajando con energías psíquicas y magnéticas, y a éstas no les importan ni el juicio ni la moralidad. Se moverán en la forma que las dirijas.

Me di cuenta, y de la manera más dura, que es necesario programar específicamente aquello que quieres. Hace años, programé una grabadora. La recibí pero inmediatamente me di cuenta de que sólo funcionaba en dos velocidades, y yo necesitaba tres. Así que programé una con tres velocidades. La conseguí, pero me llegó una que utilizaba carretes, y entonces me di cuenta de que yo quería una grabadora a casetes. Terminé teniendo catorce grabadoras. Las ofertas eran tan buenas, que no podía negarme. Aunque era capaz de materializar lo que quería fácilmente, tuve que aprender a programar de una manera más específica lo que yo necesitaba.

Algunas personas piden, rezan o hacen un "trato" para conseguir algo y después lo dejan ir. Pero puede que no suceda nada. Piensan que ya que hicieron un "trato" a cambio de algo, el trato se va a cumplir. Una señora hizo un "trato" por un tumor que tenía. La base de su "trato" fue *negar* que el tumor estuviera allí, de que existía. Su técnica no iba a funcionar, dado que el tumor realmente existía en su cuerpo.

Es como si negaras la existencia de la silla en que estás sentado. Cuando niegas algo, realmente estás poniéndole energía. Sabes que es real, o si no, no estarías negándolo. Cuando niegas algo, de hecho estás confirmando su existencia. Esa cosa utilizará tu energía y crecerá tanto que no podrás manejarla. *No lo niegues, reconoce que existe y trabaja para reducirlo a un nivel que puedas manejar.*

Si dices que no está ahí, te estás engañando. Te mientes a ti mismo y te traicionas. Tan pronto niegas algo, sabes que es real, y afirmar esa negación le da más fuerza. En lugar de negarlo, reconoce que existe algo que está fuera de equilibrio, algo en estado de enfermedad, y entonces ponle Luz para sanarlo. Sigue viéndolo curado, sano, íntegro. Eso le brinda una energía positiva que puede sanarlo.

Cuando niegas algo, o lo catalogas de malo, le estás dando fuerza a un punto de vista negativo. En realidad, como tú eres Luz, llevas la Luz adonde coloques tu conciencia. Si afirmas la existencia de lo que deseas, eso lo coloca en un estado vibratorio en la mente universal. Ahora, si te basta con un estado vibratorio en tu entorno, no hay problema, pero la mayoría de las personas quieren materializarlo de una forma más física. Para hacerlo, es necesario que te pongas en un lugar en donde puedas recibirlo.

Si quieres pescar truchas y te imaginas pescándolas en gran cantidad, no vayas al desierto del Sahara esperando que la visión se manifieste. Ve adonde haya agua, adonde exista la posibilidad concreta de encontrar truchas. Tienes que ponerte activamente en una posición en donde puedas recibir lo que quieres.

Hay personas que se quedan todo el día en casa y le piden a Dios que les dé un trabajo. ¿Esperan que alguien les golpee la puerta y les diga: "¡Estás contratado!"? Si deseas un trabajo, lo menos que puedes hacer es leer los avisos del periódico en la sección de empleos. Ésa es una acción hacia su cumplimiento. Tu siguiente paso quizás sea llamar a alguien que trabaje en el área que te interesa y preguntarle si hay algún puesto para ti. Puedes llamar a tus amigos y decirles que estás buscando trabajo y que si se enteran de algo, que te llamen. Tienes que ponerte en acción de una manera positiva. Expresa lo que deseas y empieza a atraerlo hacia ti.

Si deseas un trabajo mejor, comienza a correr la voz. Sé específico. "Por lo menos me gustaría ganar cien mil pesos más por mes. Quisiera trabajar menos horas. Me gustaría trabajar cerca de casa, no quiero tener que viajar lejos. Me gustaría trabajar con aparatos más modernos y tener oportunidades de hacer carrera". Es importante que seas razonable. Parte del sendero espiritual involucra tu mente, que es la pantalla de tu Alma. Usa tu mente para ver tu dirección claramente y no caer ciegamente en las cosas.

Si deseas un vestido nuevo, tienes que empezar a buscarlo. Tienes que hacer lo que se requiere para recibirlo. Cuando vayas a la tienda, la empleada te preguntará qué quieres, y si tienes una idea clara del vestido que deseas, la empleada podrá captar lo que quieres. Quizás te diga: "Creo que tengo justo lo que está buscando". Te ahorrarás tiempo si ella interpreta tu visión y dice: "Mire, ¿es esto lo que está buscando?". Entonces tú puedes decir: "Es bastante parecido. Voy a probármelo". Quizá sea incluso un vestido mejor del que imaginaste y lo compras. Lo conseguiste porque hiciste lo que era necesario hacer para recibirlo.

Puedes utilizar el poder de la imaginación para atraer cosas hacia ti. La mente universal es real. Utiliza la imaginación como la llave para abrir la puerta y tan pronto como ésta se abra, deja la imaginación y entra en la realidad.

La imaginación puede crear también enfermedades psicosomáticas, alergias, tumores, decaimiento y muerte. Esos son aspectos de una imaginación defectuosa.

¿Está mal ver algo como malo? No necesariamente. Si ves algo que parece malo, es real para ti y debes reconocerlo como tal. Hasta ese momento no has hecho nada que esté fuera de lo normal. Simplemente estás aceptando o reconociendo la realidad del momento. Aunque otra persona podría verlo de una forma diferente, para ti en tu conciencia, es malo. Lo siguiente que puedes hacer es colocar la Luz en esa realidad para equilibrarla. Esto quizás la haga explotar, supurar o purgarse, es decir, sucederá lo que sea necesario para que se equilibre.

Si te quedas sentado pensando: "Creo que no les gusto a esa gente que vive al final de la calle; son malas personas", estarás usando la imaginación *negativa*. Estás construyendo esa imagen en tu mente y creándola. Tú no sabes en forma consciente, si les caes bien o no. Hasta que no lo sepas con certeza, estarás proyectando imágenes que puede que reflejen la realidad o no.

Un marido podría decir: "Mi esposa me está engañando; lo sé". En su mente ve a su esposa engañándolo. Finalmente, ella lo engaña y él se pregunta por qué lo habrá hecho. Quizás sus pensamientos crearon la situación; los pensamientos pueden ser muy poderosos.

La mente universal no conoce los conceptos del bien y del mal. Simplemente tiene energía disponible y te da lo que visualizas o imaginas. Y aunque toda persona tiene acceso a esa energía, debes aprender a manejarla para crear resultados positivos.

Por ejemplo, si una mujer quiere un bebé, puede imaginar lo que sería tenerlo. Puede experimentar internamente su vida con el bebé, antes de que siquiera quede embarazada. Lo hace en su imaginación. Su esposo también quiere un bebé y también se lo imagina. Empiezan a hablar del bebé que quieren tener y de lo que le quieren dar. Intercambian una visión positiva, pero nunca se imaginan que el bebé pueda tener una discapacidad o retraso mental. Lo imaginan hermoso, sano y perfecto. Así que tienen relaciones para crear al bebé. El niño nace y es muy hermoso y ellos piensan: "Es tal como lo imaginamos".

Existen otros factores que pueden afectar el proceso de la mente universal. Cuando accedes a la mente universal y visualizas lo que deseas y haces que se manifieste, esa forma puede atraer al Espíritu para que entre en ella. Si imaginas a un niño y la visión entra en la mente universal, esa sustancia, esa esencia adquiere una forma-Espíritu y elige un Alma. Para trabajar a través de algo, esa Alma puede traer un cuerpo deforme físicamente. Entonces, los padres protestan: "¿Por qué nosotros, Dios mío? ¿Por qué nos tiene que ocurrir esto justo a nosotros?". Quizás haya situaciones kármicas tanto para los padres como para el niño.

Dependiendo del fluir kármico, los padres quizás internen a su hijo en una institución que se encargará de él. Es muy posible que sus amigos bien intencionados los juzguen diciendo: "¿Cómo pueden hacer algo así?". Lo pueden hacer porque son libres de hacerlo a nivel kármico. Quizás el niño haya usado a los padres sólo como un medio para llegar a este plano de existencia. Por lo que, muy pronto, el niño seguirá su propio camino.

Por cierto, la gente sólo tiene karma consigo misma. Aunque las personas se relacionen íntimamente entre sí para poder trabajar ciertas situaciones kármicas, en realidad únicamente existe el karma con uno mismo y no con otras personas. Otros pueden ayudarle a resolver ese karma, pero éste es siempre propio. Y puede que muchas personas le ayuden a completarlo.

Podrías preguntar: "¿Cuál es mi relación kármica con tal persona?". El karma *contigo mismo* es que le causaste un profundo dolor a alguien en otra existencia y ahora debes tomar conciencia de ese dolor. La persona que te trae presente esta situación en este momento, puede o no haber formado parte de la situación anterior. Lo único que importa es que aprendas lo que es causar dolor y a equilibrar esa acción.

Si estás haciendo contacto con la mente universal y repites tu programación por lo menos cien veces, vas a atraer cosas hacia ti. Si accedes al Espíritu, éste puede manifestarse a través de la mente universal. Cuando estés repitiendo tu programación, quizás pienses: "¡Qué estúpido, qué tonto!". No importa, sigue adelante. Mucha gente se detiene justo antes de recibir las cosas que están programando.

En esencia, esta acción de programar es una oración. Al repetir el programa una y otra vez, llega a ser como un mantra. Este mantra crea una fuerza y esta fuerza crea una esencia dentro o alrededor de ti. Dicha esencia puede ser tan poderosa que cuando entres a una tienda, el empleado diga: "Sé exactamente lo que está buscando. Sígame. Lo tengo en oferta". Y tú dices: "¡Eso es exactamente lo que estaba buscando!".

Cuando quieras crear cosas a través de la programación, ten la idea clara de lo que quieres en tu mente. Crea una imagen *visual* clara. La visualización juega un papel muy importante en la materialización de las cosas. Si puedes conseguir una fotografía de lo que quieres, pégala en el espejo de tu baño o en cualquier lugar que mires frecuentemente. Haz que sea una de las primeras cosas que veas en cuanto despiertes y una de las últimas cosas que veas cuando te acuestes. Si puedes conseguir varias fotografías, pégalas por todas partes en tu casa.

Si quieres perder peso, pega una fotografía de una persona delgada que encuentres atractiva, en la puerta de tu refrigerador. La verás cada vez que estés por abrir la puerta para comer algo y te alejarás de allí. El alejarte quizás represente que has perdido medio kilo y, si una hora más tarde vuelves a abrir la puerta del refrigerador, la fotografía seguirá allí. Mírala e imagina verte así de delgado. Eso ayudará a crearlo para ti.

Si quieres un televisor a color, imagínatelo en tu sala. Visualiza el modelo y cuál será su lugar. Imagínate sentado en la sala mirando televisión en una situación perfecta. También colócale una etiqueta con el precio, que calce con el presupuesto que tienes. Imagina que te lo traen a casa y que lo instalan correctamente, imagina todo, en completo detalle. Si te olvidas de algo, la perfección se pierde. Prográmalo perfectamente y colócalo en la mente universal. Si es que lo vas a conseguir, también aparecerá el dinero para pagarlo y será tuyo. Todo es muy fácil cuando lo que pides es correcto y apropiado. No te imaginas lo fácil que es cuando todo está en su lugar.

Es posible que a veces te preguntes por qué has sido elegido para que te pasen cosas buenas. No hay ningún misterio, ya que todo sigue el orden lógico de la ley. El orden divino está en todos lados. Puede que no percibas todas sus manifestaciones como divinas, porque no conoces la historia completa. Sólo ves la historia limitada desde el lugarcito en que te encuentras. Lo interpretas desde una muy pequeña parte de tu mente y no puedes ni siquiera empezar a comprender la vastedad que existe más allá de tus propios sentimientos, así que no es de extrañarse que termines confundido.

Cuando estés programando la mente universal, antes de dejar ir un pensamiento, colócalo en la Luz *para los más altos fines*. Verás que las cosas se equilibran de una manera más perfecta en tu entorno. Siempre pide que se cumpla la voluntad de Dios para los más altos fines. Entonces, si es que vas a recibir algo, vendrá de manera equilibrada.

Si no puedes pedirlo de esa manera, es posible que consigas lo que pediste pero también recibirás lo que lo acompaña. Quizás consigues el televisor que quieres, pero no funciona bien; lo haces arreglar y luego la imagen no es muy clara. Alguien te lo arregla, pero entonces tienes problemas con el sonido. Piensas: "Esto me crea más problemas que entretención".

Además, cuando yo programo cosas, siempre establezco que el dinero que necesito para conseguirlo estará a mi alcance sin ocasionarle dolor a nadie. De lo contrario, es posible que el dinero provenga de una herencia porque alguien murió.

Años atrás, me propuse comprar una casa nueva. Quería una en la que yo pudiera trabajar, una que fuera realmente adecuada para mí. Programé todas los aspectos que quería que tuviera. Una de las cosas que programé fue un jardín muy grande. La primera casa que fui a visitar, tenía un jardín inmenso, pero también tenía un problema en el desagüe y cuando llovía, se inundaba. Entonces programé que el jardín fuera grande y que el desagüe funcionara bien. La siguiente casa que encontré estaba situada justo a un costado de la matriz de alcantarillado de la ciudad. Todos estos imprevistos continuaron ocurriendo y empecé pensar que era imposible imaginarse todas las contingencias. Seguía dejando cosas fuera de la programación y cada casa que visitaba, tenía algo que yo había olvidado programar.

Finalmente, me di por vencido. Puse la programación en la Luz para los más altos fines y dije: "Señor, tú sabes mejor que yo lo que necesito. Cualquier casa que me quieras dar estará bien". No pasó ni una semana y encontré una hermosa casa que tenía todas las cosas que yo quería y... mucho más. La verdad era que la cláusula de seguridad para los más altos fines había cumplido su cometido.

Herramientas y Técnicas para el Capítulo II
El Poder de la Mente Universal

Cómo Programar la Mente Universal

Escribe detalladamente lo que quieres.

Agrega: "Para los más altos fines de todos los involucrados".

Enfócate en lo positivo; reconoce y acepta el presente y colócalo en un nivel que puedas manejar.

Incluye sólo las áreas de tu incumbencia. En otras palabras, cuídate de no programar lo que otros pensarán, harán o sentirán.

Léelo cien veces.

Visualiza claramente lo que quieres; consigue fotos, si es posible, y colócalas donde las veas frecuentemente.

Claves

Sé persistente.

Afirmaciones

Soy Luz y llevo la Luz a donde sea que coloque mi conciencia.

Estoy ubicándome en el lugar donde es posible recibir lo que quiero.

Veo claramente con los ojos del Espíritu.

Uso mi imaginación de manera positiva.

El dinero para lo que he pedido me llega fácilmente, sin causarle daño a nadie.

CAPÍTULO III

EL
PODER
DE TU
MENTE

La mente es una herramienta para este nivel, brindándole experiencias similares a muchas personas. Aunque algunos experimenten más karma mental que otros, la acción esencial de la mente es la misma en todos. ¿Crees que eres el único que experimenta ciertas cosas? Pregúntale a la gente que te rodea.

A veces, puede que te alejes de una persona o de un grupo porque piensas que hacen cosas extrañas. Tal vez sea así, pero escuchemos todos los pensamientos que tienes y después decidamos qué es raro y qué no lo es.

Es posible que digas: "¡De ninguna manera! No voy a contarte mis pensamientos más íntimos; son demasiado extraños. ¡Nadie piensa lo que yo pienso!". Luego, conversas con tu mejor amigo y te dice que a veces piensa cosas raras también. Exclamas: "¡Dios mío; ya somos dos!". Luego, conoces a alguien que dice: "He estado teniendo unos pensamientos tan raros ahora último...". Pronto, empiezas a formar grupos de discusión de estas experiencias.

Los alcohólicos pensaban antes que ellos eran los únicos, que a nadie más le ocurría lo que a ellos. Algunos todavía lo piensan. En la organización Alcohólicos Anónimos, sin embargo, se reúnen para apoyarse y ayudarse entre sí, hablando de sus experiencias internas con relación al alcohol, y descubren que sus experiencias son muy similares. Se han formado grupos de Alcohólicos Anónimos específicamente para los cónyuges e hijos de los alcohólicos, porque sus experiencias son bastante similares también.

De la misma forma, la gente que tenía experiencias espirituales o psíquicas solían pensar que estaban solos. Ahora, más y más personas se están juntando para hablar acerca de estas cosas y están descubriendo que otras personas tienen experiencias bastante similares.

Aún existen personas que se atemorizan de las experiencias espirituales. Las ponen en la categoría de las historias de fantasmas y de brujería. No es así. Hay muchas cosas fuera del alcance de nuestros sentidos físicos que no podemos ver, sentir, gustar o escuchar. La experiencia espiritual es una realidad concreta muy normal. No hay nada de extraño o de anormal en ella.

A medida que la conciencia humana se expande dentro de la Luz, penetra en todas las cosas. En este planeta, no obstante, nuestra conciencia suele limitarse a la forma física. Raramente le presta atención a otras cosas. Al mismo tiempo, una parte de nosotros dice: "Sé que esto no es todo". La parte que busca, no lo puede ver, la parte que escucha, no lo puede oír, la parte que toca, no lo puede sentir. Aunque ninguno de nuestros sentidos se percaten de ello, la parte nuestra que es una prolongación de una existencia superior, sabe que hay algo más que sólo esta vida física.

En la actualidad, parece existir una infinidad de causas que despiertan miedo, inseguridad y desesperanza en este mundo. Por ejemplo, algunas personas temen que la comida y la gasolina escaseen. Claro que hay veces en que las cosas escasean, eso siempre ha ocurrido. Existen culturas y países enteros que nunca han tenido suficiente comida, gasolina o albergue para sus habitantes. La única escasez que hay hoy en día es de cerebro: la capacidad de mirar hacia adelante, de pensar, de planificar. Las otras escaseces ocurren sólo por un mal manejo, una mala conducción y una distribución pésimamente hecha.

Si tienes el valor de mirar hacia adelante en forma realista, de pensar y planificar con inteligencia, tendrás la capacidad de cuidarte a ti mismo. ¿Cómo manejas el miedo, la inseguridad y el enojo que aparecen en tu conciencia? Vas al teatro de la mente y te visualizas siendo capaz de pensar y planificar en forma inteligente. Trabaja en ello, practícalo.

¿Has escuchado alguna vez una expresión que se usa para explicar el éxito de ciertas personas? Dice que, mientras la gente dormía, ellos estaban despiertos trabajando en pos de su éxito. Seguro que te preguntas si alguna vez ellos tendrán sueño, ¿verdad? Pero quizás esta expresión quiera significar que, mientras otras personas dormían en su conciencia, los exitosos estaban alertas, mirando hacia adelante, pensando, planificando e implementando cosas nuevas. Estaban visualizando correctamente la imagen del éxito y su logro. No estaban perdiendo el tiempo. Estaban perfeccionando activamente sus niveles de conciencia y creando un enfoque positivo hacia la vida.

El pensamiento no es un proceso natural de la conciencia del ser humano. Puedes decir: "Por supuesto que lo es, todo el mundo piensa". Te tengo noticias: muy pocas personas piensan. La mayoría de las personas reaccionan y lo interpretan como pensar. El pensamiento es la *causa* de las cosas, mientras que la reacción es el *efecto*.

¿Qué tan a menudo piensas y qué tan a menudo reaccionas? Cerca de un noventa por ciento de las veces estás reaccionando. Por lo general, reaccionas ya sea a tus propias reacciones anteriores o a las reacciones de otro. Es una larga cadena de efecto y efecto y efecto. Es como en el dominó: le pegas a una pieza y todas las demás caen.

Cuando experimentes negatividad, pregúntate si eres negativo todo el tiempo. La respuesta obviamente es no. Ya que no eres negativo todo el tiempo, la negatividad no es una cosa permanente. Puedes decir: "Pero tampoco soy feliz todo el tiempo, así que la felicidad tampoco es permanente". Nunca dije que lo fuera. Pero sí existe un término medio en que te sientes cómodo con lo que ocurre a tu alrededor.

La felicidad surge de la mente, de las emociones, del cuerpo, y éstos cambian permanentemente, pero la dicha proviene del Espíritu. Así que, es realmente cierto que cuando te pones a tono con el Espíritu de la ocasión y participas verdaderamente con el Espíritu, sientes dicha, aun cuando estés pasando por una aflicción física, emocional o mental.

La mayor parte de la desesperanza surge de la interpretación de lo que está sucediendo, no del hecho en sí que está ocurriendo. Muy raramente ocurre una catástrofe personal real. Pero puedes crear una conciencia de catástrofe por la forma en que interpretas los hechos.

Digamos que estás solo y sentado en una silla. Ése es un hecho. Tu interpretación de ese hecho puede ser: "Me siento solo". Cuando despiertes al Espíritu dentro de ti, *sabrás* que nunca estás solo. No sentirás la soledad. El Bienamado está siempre contigo, siempre te está acompañando. Todo lo que tienes que hacer es despertar a esa realidad.

¿Te pusiste alguna vez una meta y te diste cuenta de que no ibas a ser capaz de alcanzarla? Quizás hayas estado a punto de lograrla, pero no la conseguiste. Usa el teatro de la mente para visualizar tu éxito, el logro, la culminación y el cumplimiento de tu meta. Si creas esta visión con la fuerza necesaria, ella habrá ocurrido para ti. Aun cuando una parte de ti parezca darse por vencida, conscientemente o de alguna otra manera, hay otra parte en ti que mantiene la visión del éxito. Entonces, quizás cuando menos lo esperes, habrás logrado "súbitamente" tu cometido.

Una vez que te fijas una meta, puede que tengas miedo a fracasar. Tienes miedo a no rendir lo suficiente como para alcanzar tu meta. No eres el único. Estoy seguro de que todos en este planeta alguna vez han experimentado esta clase de miedo. Pero, en última instancia, los verdaderos fracasos no existen. La palabra *fracaso* es sólo tu interpretación de un examen que aún no estás listo para rendir.

Quizás la razón por la cual no estás preparado sea que no has imaginado-integrado la información correcta lo suficiente. No la has repasado lo suficiente en tu mente, no la has sentido con confianza en tus emociones, o colocado en tu cuerpo como una destreza que puedas manifestar cuando llegue el momento de dar el examen. Esos pseudo fracasos no quedan grabados en tu contra. Puedes decir simplemente: "Sí, fracasé en ese examen. Creo que será mejor que lo tome de nuevo". O: "Creo que no soy muy bueno para eso. Mejor me dedico a otra cosa".

El examen no muestra que hayas fracasado. Tú lo haces. El examen demuestra una falta de preparación y te revela el trabajo que tienes que hacer para lograr el éxito. Entendiendo esto, puede que descubras que lo que tienes que hacer es volver a revisar el material que no habías entendido y estudiarlo esta vez. Cuando enfrentes la vida con la actitud de que cada paso es la preparación necesaria para poder tomar el siguiente, estarás en muy buen pie.

¿Te gustaría que en la escalera al Cielo alguien fuera delante de ti y colocara los escalones de una manera que se te hiciera fácil subirlos? Qué lindo sería, ¿no es cierto? ¿Pero qué tal si la persona que va delante de ti no pudiera clavar los clavos derechos y los escalones quedaran todos sueltos? ¿Te gustaría seguir a esa persona? Probablemente preferirías seguir a la persona que esté haciendo bien las cosas, que sea cuidadosa. Y aunque sigas a esa persona, sigues siendo responsable de tu propio progreso.

A pesar de que sea sabio seguir el mejor ejemplo que encuentres, también es necesario comprobar las cosas por ti mismo. En cada paso que des en la escalera, haz la prueba y cuida que estés apoyado firmemente. Mira el próximo escalón y asegúrate de que esté firme. Cuando se aproxime, mantén la vista en él hasta que lo hayas dejado atrás. Luego, mira hacia el próximo. De esa manera no estarás en condiciones de inseguridad en el escalón en el que te encuentras; estarás preparado habiendo sido cauteloso, cuidadoso y constante en tus chequeos. No tropezarás ni caerás desandando lo que ya avanzaste, y la gente que viene debajo de ti podrá seguirte sin peligro.

Cuando llegue el momento, te despertarás a la conciencia de la Luz dentro de ti. Un aspecto del despertar será asumir la responsabilidad por ti mismo y por tus actos. Supongamos que tu vecino te recomienda que compres un cierto automóvil, tú lo compras y el automóvil resulta que no sirve para nada, ¿de quién es la culpa? ¿De tu vecino? No, de ninguna manera. Es tuya. ¿Por qué no lo chequeaste? ¿Por qué no lo llevaste a un mecánico para que lo revisara? ¿Por qué no lo inspeccionaste más a fondo?

La única respuesta verdadera es que no lo hiciste. No culpes a tu vecino y tampoco te culpes a ti mismo. Deja que la experiencia se convierta en tu maestro. Aprende de ella y así se convertirá en una experiencia valiosa. Cuando te hartes de cometer errores tontos, actuarás con más inteligencia. A menudo he dicho: "Cuando te hartes de estar harto, vas a cambiar". Es muy difícil que lo hagas antes de que llegues a ese punto, a menos que tengas a alguien a tu lado que te ame lo suficiente como para que te saque de la cama en las mañanas y te obligue a salir.

Es maravilloso tener a alguien que te ame tanto, a pesar de tus malos hábitos, y que te haga superarte. Cuando quemas el café en la mañana, esa persona vuelve a casa a cenar en la noche. Quizás preferiría que el café no estuviera quemado, pero no lo considera el fin del mundo. Si a la mañana siguiente lo vuelves a quemar, quizás decida saltarse el desayuno. Y si lo quemas por tercer día consecutivo, es posible que decida preparárselo él mismo. A lo mejor debería preparártelo a ti también y así te enseña algo.

¿Me creerías si te dijera que conocí a alguien que consistentemente quemaba las tostadas todas las mañanas y luego les raspaba lo quemado? Es verdad, y yo no lo podía creer. Le pregunté al marido: "¿Realmente tu esposa tuesta el pan todas las mañanas, asegurándose de que se queme por ambos lados y luego lo raspa hasta lograr el tostado que te gusta?". Él contestó: "Sí, ¿es que existe otra manera de hacer tostadas?". Podría habérselo dicho pero, ¿para qué arruinar un matrimonio perfecto? No hay necesidad de enseñarle a la gente una forma mejor, si la manera en que lo están haciendo (aunque parezca terrible) les funciona.

Muchos años atrás, cuando yo era pequeño, visité una reservación indígena. No sabía mucho de la cultura o de la historia de los indios. Había sido criado con todos los estereotipos de "los vaqueros y los indios", en donde los indios eran siempre los malos. Eso era todo lo que yo sabía. Yo creía que el sentido de los indios era que la caballería los matara. Con ese condicionamiento había crecido yo.

Mientras estaba en la reservación, vi a algunos hombres y mujeres llorando porque un bebé había muerto. Su color era muy profundo. Verlos llorar de la misma manera en que la gente de nuestra cultura habría llorado si un niño de su familia hubiese muerto, realmente remeció mi conciencia. Yo creía que nosotros éramos los únicos con sensibilidad. Ésa fue una lección en conciencia universal muy grande para mí.

Al poco tiempo, fui a una zona de la ciudad donde vivía la mayor parte de la gente de raza negra. El condicionamiento que yo tenía en mi conciencia era que las personas de esa raza eran radicalmente diferentes de las de raza blanca, en algunos aspectos. No obstante, vi a los padres amar a sus hijos y a los niños jugar los mismos juegos que yo había jugado. Entonces, empecé a entender que *todos somos uno*, que la experiencia humana es esencialmente la misma para todos.

Demasiado a menudo, a los niños se les enseña y se los cría con una conciencia de separación que es completamente absurda y perjudicial. Es bueno para todos nosotros, niños y adultos, conocer a gente de diferentes razas, credos y niveles socio-económicos y aprender a amar a toda la gente por lo únicos que son individualmente.

Alguna vez alguien me preguntó por qué creía yo que Dios había hecho razas diferentes. Le contesté: "¿No sería aburrido si todos fuésemos de un solo color? Es lindo ver todos esos colores. ¡Es fantástico! Es un arco iris, un caleidoscopio". Las diferentes razas representan diferentes experiencias en este plano, eso es todo. Todos hemos pasado por esas experiencias. Entender esta idea nos ayudará a sentir esa unidad rápidamente.

Creo que Dios hizo un buen trabajo al ponernos aquí en la Tierra y decir: "Ustedes tienen que resolverlo, y lo harán juntos". En el momento en que protestas: "¡Yo no!", el Espíritu se las arregla para que vivas situaciones que te obliguen a entender. Y entonces dices: "Hay gente pobre en otros países; hay niños que pasan hambre y frío y que están llorando. Por malo que esto parezca, allá se está peor". Tu empatía se hace presente diciendo: "Vamos a cuidarlos".

Sea que puedas o no hacer algo por ellos físicamente, empieza a rezar. Empieza a visualizarlos teniendo éxito. Empieza a exteriorizar estas imágenes de éxito, enviándole a dicha gente toda la energía que puedas, para que ellos se eleven. Si suficientes personas lo hacen, la conciencia comenzará a moverse y un éxito mayor empezará a fluir hacia aquellos a los que les estás enviando la energía.

Fuiste colocado aquí con algo especial en tu interior: la capacidad de hacer contacto con el Espíritu interno. Con esa energía espiritual puedes contactar a la mente universal y colocar allí tus imágenes de éxito a través de tu propia mente. Cuando lo hayas hecho el tiempo suficiente, tus imágenes positivas empezarán a tener peso en la mente universal y comenzarán a convertirse en realidad. Para implementar esas imágenes positivas, la mente universal elige a gente que tiene la mente abierta: arquitectos, ingenieros, científicos y gente afín, quienes tienen dentro de ellos la necesidad creativa de abrirse a todo lo que sea nuevo.

Si encuentras que no cambias, posiblemente sea porque estás estancado en un hábito. ¿Sabes cuál es la diferencia entre un hábito y una tumba? Que el hábito está abierto en ambos extremos. Es importante mantenerse abierto para que puedas seguir moviéndote. Si te encuentras encajonado, puede que tengas que dejar el cuerpo y tal vez no te guste mucho lo que diga tu obituario.

Mucha gente dice: "No me importa lo que vaya a pasar. No creo en la reencarnación y no pienso volver a este lugar". ¿Acaso no sabes que tus creencias no determinan la realidad? En su mayoría, lo que pasa en este lugar es determinado por lo que es imaginado, creado y materializado hacia el mundo a través de la mente universal.

¿Sabes que si deseas algo, lo vas a conseguir? *Cuando* lo vayas a conseguir, es otra cosa. Quizás tengas que vivir otra vida para lograrlo. Ten cuidado con lo que deseas, ten cuidado con lo que pides: tú eres un creador. *Puedes* hacer que las cosas se materialicen, así que mira hacia adelante y asegúrate de que lo que estás pidiendo sea lo que en realidad deseas.

Si quieres ser precavido, cada vez que desees algo, pide que lo que sea que suceda sea para los más altos fines. Ésa es tu póliza de seguro, tu cláusula de seguridad. Entonces, si no consigues algo que pediste, dale las gracias a Dios porque haya sido así.

Si quieres algo que puedas crear tú mismo, no se lo pidas a Dios. Ve y trabaja para conseguirlo. No le pidas que te lleve las maletas cuando tienes dos brazos fuertes para hacerlo tú. Dios no es el mandadero del Cielo. Ahora, si eres capaz de darle órdenes a Dios, eso significa que *tú eres* Dios. Y si no puedes mandar a Dios, eso significa que eres un dios menor, pero sigues siendo un dios de tu propia existencia, de tu propio universo.

¿Qué ocurre en tu universo cuando estás molesto, deprimido o te sientes mal? Me imagino que estás creando terremotos en tu planeta. Tal vez estés destruyendo a tus habitantes. Quizás seas uno de esos dioses coléricos que gobierna a través del miedo. ¿Es así como quieres que Dios sea contigo? No, estoy seguro de que quieres que Dios te cuide, que sea amable y benevolente contigo y que te dé lo que necesitas. Si es así, quizás debas vigilar lo que estás haciendo dentro de tu propio universo. La mente universal te entrega sólo un duplicado de tu imagen. Para poder recibir una creación positiva, debes crear positivamente; no puedes sostener ni un pensamiento negativo contra tu imagen positiva.

He visitado muchas comunidades espirituales (Ashrams) en el mundo. Algunas estaban tan inmundas, que cuando me invitaron a sentarme dije:
–No gracias, prefiero no sentarme. Tengo miedo que al levantarme, me lleve alguna enfermedad de recuerdo.

¿Significa eso que yo estuviera tan inmaculado que me eximía de cualquier reproche? No, pero no soy ciego.

–Todo esto es de Dios, todo es Dios –replicó la gente de la comunidad.

–Estoy de acuerdo –dije yo–. Pero la alcantarilla también es de Dios. ¿Por qué no se sientan en la alcantarilla?

–No tienes que hacer eso para saber que Dios está también allí –contestaron.

–¡Cierto! –dije yo–. Y tampoco se tienen que sentar en esta suciedad. A propósito –continué–, ¿es saludable la gente que vive aquí?

–Ha habido muchos enfermos ahora último –dijeron.

–Es la comida con la que los están alimentando –les dije yo.

–Pero si la comida es orgánica y sana –argumentaron ellos.

–Es verdad –dije–, pero ésa no es razón para prepararla en condiciones antihigiénicas.

Si no eres práctico con tu espiritualidad, ¿de qué te sirve ella en este nivel? ¿Qué gracia tiene ser tan espiritual y elevado, si no te rebajas a sacar la basura y a bañarte?

Es por tus obras que se te conoce, por tus emociones que se te ama y por tus pensamientos que se te respeta. Pero eso no tiene mucho que ver con el Alma, porque el Alma es perfecta. Tal vez preguntes: "Entonces, si el Alma es perfecta, ¿por qué vino a este lugar?". Trae la perfección a este nivel, trae la conciencia de la edad de oro de Dios a este nivel de existencia. Tu trabajo es despertar a la conciencia del amor, de la Luz y el Sonido, a los niveles dentro de ti que están dormidos.

Cuando esta conciencia se haga presente en tu mente, dirás: "Ahora entiendo". Puede que despiertes lentamente a esta conciencia de Luz. Es posible que le tome algún tiempo a tu mente encontrarle sentido, pero se tardará aún más para que llegue a las emociones y empieces a sentirte bien por eso. E incluso mucho más tiempo hasta que llegue a tu cuerpo para que te sientas motivado físicamente.

El progreso espiritual de cada uno es también completamente individual. Algunas personas puede que se sientan emocionalmente cómodas con la Luz mucho antes de que empiece a tener sentido para ellas a nivel mental. Algunos lucharán mental y emocionalmente contra ella, pero continuarán pidiendo más. Ocurre como ocurre; no le pongas condiciones ni tengas expectativas en cuanto a ti. Simplemente deja que sea.

Herramientas y Técnicas para el Capítulo III
El Poder de Tu Mente

El Teatro de Tu mente

Ve al teatro de tu mente y visualízate siendo capaz de pensar de manera clara y de planificar con inteligencia.

Claves

Practica.

Afirmaciones

Sé que nunca estoy solo.

Estoy mirando hacia adelante, pensando y planificando mi éxito.

Estoy elevando mi actitud y poniéndome a tono con el Espíritu de la ocasión.

Me cuido.

Acometo mi vida con una actitud positiva.

Estoy despertando a la conciencia del amor, la Luz y el Sonido.

CAPÍTULO IV

EL
PODER
DE TU
SUBCONSCIENTE

T u mente subconsciente es una fuerza inmensamente poderosa en tu conciencia. Algunas personas tratan de negar su expresión, otras se entregan a ella, o simplemente la desconocen. Si aprendes a trabajar en armonía y cooperación con tu subconsciente, podrás tener una expresión más equilibrada.

El poder del subconsciente es tan tremendo, que hay pocas cosas que puedan hacerle frente una vez que se pone en funcionamiento. Es muy sabio, tiene una capacidad maravillosa y un conocimiento muy agudo para atravesar fácilmente todos los obstáculos que se le pongan por delante; esquiva las adversidades y se abre paso cuando la oportunidad se le presenta.

Cuando conoces a alguien, a menudo hay una comunicación y una interacción entre las mentes subconscientes. Puede que se produzcan intentos de controlarse mutuamente. El engaño puede funcionar dentro de estas áreas de control.

Hay ocasiones en que engañas a nivel emocional. Cuando alguien te pregunta: "¿Me quieres?", y tú contestas que sí a pesar de no amar a la persona en ese momento, eso es engaño.

Tal vez te cuestiones si deberías decir la verdad en lugar de una mentira, sabiendo que volverás a amar a la persona después, ya que decir la verdad podría molestar a la persona. Creo que cuando le dices a alguien que lo amas y no es cierto, la persona se da cuenta de que no la amas. Es posible que te respete más si le dices: "No. En este momento no te amo. Creo que eres el canalla más grande del mundo, pero dame veinte minutos para procesarlo. Te he amado antes y estoy segura de que cuando se me pase este enojo te amaré nuevamente". Eso es ser honesto.

Existe el engaño del intelecto. Hay personas que dicen que poseen una habilidad determinada con el fin de conseguir un trabajo. Si no tienen esa habilidad, están engañando y eso les va a jugar en contra.

También hay engaño en la mente subconsciente. Sucede cuando te engañas a ti mismo diciendo: "Sí, me encantó salir contigo", pero la mente subconsciente dice para sus adentros: "Lo pasé pésimo y pasará mucho tiempo antes de que vuelva a salir contigo".

El subconsciente parece que tuviera una mente propia. Debes aprender a cooperar con él, a trabajar con él, a dirigirlo, a educarlo. Si lo engañas, es posible que te encuentres haciendo un esfuerzo demasiado grande y que entonces abandones todo rápidamente, porque no sientes el apoyo de la mente subconsciente.

Si la mente consciente tiene la costumbre de empezar un proyecto después de otro sin terminar ninguno, puede que el subconsciente esté todo el tiempo tratando de completarlos, en un intento por cumplir con aquello que comenzó. Pero sin la cooperación de la mente consciente, el subconsciente no puede lograr ni completar nada. Se sentirá traicionado y engañado.

Es importante no hacer muchas cosas a la vez. La mente subconsciente tiene problemas para manejar eso. Termina los proyectos que empieces, cumple con los compromisos que hayas adquirido y con las promesas que hayas hecho. Así, tu consciente y tu subconsciente podrán tener éxito, lo que produce una sensación de logro y mejora la autoestima.

Cuando eres honesto contigo mismo, tu mente subconsciente también puede ser honesta. Tu ser consciente, como capitán del barco, baja al subconsciente y lo eleva. Entonces, ambos, el subconsciente y el consciente pueden expresarse de una manera superior y funcionar juntos como una unidad en pos de un mayor sentido de equilibrio y concreción.

Los seres humanos han venido a ser felices por siempre pero, al mismo tiempo, se nos hace responsables de lo que creemos. Dicha responsabilidad es la que ha llevado a algunos a decir: "En ese caso, prefiero quedarme quieto y no hacer nada". Sin embargo, ese enfoque es de creación activa tanto como cualquier otro. Si no tomas decisiones, éstas son tomadas por ti, por defecto.

Si no tomas la decisión de aprender de lo que estás haciendo, no esperes recibir la acción superior del Espíritu en el momento en que ella se manifieste. Grandes bendiciones se derraman sobre la Tierra todo el tiempo. Si dices: "Estoy esperando el momento adecuado", el momento adecuado llegará y pasará, incluso en el momento en que estés diciendo esas palabras. Te engañas si piensas otra cosa. Tienes que empezar a cooperar y aprender a trabajar contigo mismo para crear mayores destrezas, realizaciones más profundas y una iluminación más grande en ti.

De últimas, ¿a quién puedes engañar? Sólo a ti mismo. Tal vez engañes a otros de manera pasajera, pero ellos descubrirán la verdad tarde o temprano. Es bastante fácil perdonar los engaños de la mente y de las emociones porque estos se producen por muchas razones. Asimismo, podemos perdonar los engaños entre la mente consciente y la mente subconsciente. Pero puede ser más difícil perdonar los engaños de un corazón a otro.

Cuando has comprometido la totalidad de tu ser con otra persona, ¿puedes volverte atrás? No, de verdad tiene que ser "adelante y a toda máquina", porque, aunque muchas de las cosas con las que estés trabajando ahora puedan parecer como confusión, desesperanza y preocupación, serán en realidad tu alegría y felicidad de mañana. La profundidad con la que sientes tu desesperanza y sufrimiento, es la profundidad con la que sentirás tu alegría y tu armonía. Cuando la desesperanza toca a tu puerta, también lo hace la alegría.

A veces nos preguntamos por qué la tristeza de la partida. La tristeza simplemente está diciendo que extrañaremos toda la alegría que compartimos. A menudo, empeoramos nuestro estado en la mente mucho más de lo que es en realidad. Es posible que alguna vez te hayas preguntado: "¡Dios mío! ¿Cómo voy a poder superar esto?". ¿Superar *esto*? ¿Qué es *esto*? Todavía estás aquí, por lo tanto, sea lo que sea que *esto* haya sido, lo superaste. Le diste mucha más importancia a tu catástrofe de la que realmente tenía.

Si tus padres fueron inteligentes, te habrán enseñado muchas cosas y dado muchas claves para la vida. Te disciplinaron, te explicaron y te mostraron la consecuencia de tus actos. Eso es parte de la educación de la conciencia. Pero quizás, con demasiada frecuencia, los padres educan a sus hijos mediante el castigo. Si hiciste lo que te dijeron que no hicieras, te castigaron. Ese castigo quedó grabado en la mente inferior, en la mente subconsciente. Quedó encerrado debido a la rabia y al dolor. Estos bloqueos en tu mente subconsciente equivalen al dolor que sentiste hacia todo lo que te rodeaba en el momento en que ocurrió el incidente.

Digamos que vas en el auto con tu pareja y que quieren ir al cine a ver diferentes películas. En el proceso de decidirse, quien demuestre un nivel de energía mayor es quién gana. El que pierde, no obstante, puede dejar encerrados patrones de dolor y resentimiento en su mente subconsciente.

El que pierde podría decir: "¿Por qué nunca podemos hacer lo que *yo* quiero? ¿Por qué siempre tenemos que hacer lo que *tú* quieres?". Éste es el primer paso en el chantaje psíquico o emocional. Quizás continúe diciendo: "En el cine, donde dan esa película, cobran más que en el otro que yo había elegido. No podemos darnos ese lujo". Ahora, el dinero se ha convertido en parte del tema de la discusión. Al momento de estacionar el automóvil, ya existe un ambiente de pelea familiar serio. En ese momento, uno o los dos podrían tener ganas de decir: "¡Vete al cine que quieras, que yo me voy al que yo quiero!".

Digamos que mientras todo esto sucede, está lloviendo y escuchas el parabrisas funcionando y una canción en la radio. Entonces, cuando entras al estacionamiento (y la pelea está en su apogeo), el encargado del estacionamiento se acerca y te da un tiquete amarillo para poder reclamar tu automóvil a la salida. Tu mente subconsciente está grabando todo esto con precisión y lujo de detalles. En ese punto, ya no importa qué película vayas a ver porque el daño está hecho. Has encerrado el dolor dentro de tu mente subconsciente.

Seis años más tarde, alguien puede darte un tiquete amarillo de algún tipo y tú experimentar un ataque de rabia y resentimiento contra esa persona. La mente subconsciente no hará ninguna diferencia entre lo que ocurrió seis años atrás y lo que está ocurriendo ahora. Dirás: "No me gusta esta persona y no sé por qué. Es la primera vez que la veo y me produce mucha irritación". Ni siquiera estás consciente de que el pedazo de papel amarillo fue lo que detonó tu respuesta.

La mente subconsciente pone todas las cosas al mismo nivel. La pelea con tu pareja es lo mismo que la lluvia, que la canción en la radio, que el tiquete amarillo y que todo lo demás. El subconsciente no separa o diferencia.

En ese punto, puede quedar almacenada en ti energía negativa. Si promueves alguna acción negativa en contra de esta nueva persona, asumes la responsabilidad de eso. Quizás se agregue otro detalle al dolor nuevo y el patrón se refuerce. Es muy difícil romper estos patrones y elevarlos para que se expresen de una manera más positiva. Puede que tengas que sufrir el dolor de tu subconsciente incluso cuando estés accediendo al Espíritu.

Ocho años más tarde, es posible que escuches la misma canción de la noche de la discusión y que te sientas terriblemente enojado. Quizás te pelees con tu pareja y te preguntes qué ocurre. Tu subconsciente está diciendo: "Ésta es la misma pelea que tuvimos la vez pasada".

Tal vez estés todo el tiempo pendiente de revisar los limpiaparabrisas y sus hojas para ver si están trabajando correctamente. Esa preocupación ha quedado encerrada en los patrones asociados que llamamos "mente reactiva". El mapa está trazado.

Estos bloqueos del subconsciente pueden originar enfermedades y angustias económicas. La mente subconsciente lanzará imágenes de pobreza y tú temerás que todo el mundo se muera de hambre. Cuando la gente se preocupa de que puede haber hambrunas, ellas ocurren.

Puedes tomar la energía de la mente subconsciente y usarla para activar la abundancia por medio de la mente universal. El Espíritu abastece sin parar. Tienes un socio silencioso y secreto llamado la mente universal. Trabaja de una manera callada y diligente para cumplir con tu destino por la mejor vía y dirección posible, basado en quién eres, en lo que tienes que trabajar y en lo que has hecho en el pasado. El plan ha sido trazado de forma perfecta para ti y lo único que tienes que hacer es recorrerlo.

Algunas personas son aprehensivas crónicas. Dicen:
–Me preocupo todo el tiempo. No puedo dejar de hacerlo.
–Y eso, ¿te sirve de algo? –les pregunto.
–No –contestan–, pero alguien tiene que preocuparse.

¿Es eso verdad? ¿Alguien tiene que preocuparse? Yo no lo creo. Puedo entender que cuando algo le atañe a alguien, que haga lo que pueda para remediar la situación, y si no puede, que diga: "Señor mío, te lo dejo a ti. Esto me supera". Pero es posible que en tu subconsciente estés diciendo: "*Debería* poder hacer algo al respecto". Así que asumes una responsabilidad que no eres capaz de manejar y después te derrumbas y lo grabas como un fracaso.

No hay problema cuando la mente subconsciente graba algo en positivo. Todo es felicidad y gloria. Ni siquiera hay necesidad de preocuparse en el subconsciente: todo es alegría. Pero para conseguir esta claridad, debes desligarte hasta de ese último pedacito de energía negativa que quedó almacenada.

¿Cómo puedes trabajar con la energía espiritual si tu subconsciente ya se encuentra condicionado por patrones específicos? Hay una gran clave para liberar y cambiar los bloqueos subconscientes. Es la misma que ha sido descrita por todos los maestros espirituales de todos los tiempos y dice así: "Con suficiente amor, todas las cosas vuelven a nacer". Es una declaración maravillosa. Si es cierta, si los grandes maestros fueron profetas, entonces podremos cumplir su profecía.

Tú decides cuándo lo quieres hacer. No hay urgencia en el Espíritu; estará aquí mañana, pasado mañana y pasado, pasado mañana. Siempre está aquí y eternamente es ahora. En realidad, no hay prisa. La prisa que experimentas es tuya como individuo, como parte de tu personalidad. Así que es mejor que estés alerta para que no estropees un buen trabajo sobre reaccionando, cuando podrías auto dirigirte y ser productivo. No tienes que respirar esta noche el aire de mañana. Puedes tomarlo con calma. Ésa es una de las claves para romper con estos patrones.

Tómate un tiempo para sentarte cómodamente en una silla. Relaja las tensiones físicas de tu cuerpo, afloja las emociones. Trata de desligarte un poco de la mente. Todo esto lo logras simplemente concentrándote en tu respiración. Al inhalar, hazlo conscientemente. Estás inhalando energía espiritual. Al exhalar, deja ir todas las tensiones, preocupaciones e inquietudes. El cuerpo empieza a relajarse al ir aquietándose tu respiración. Los músculos tensos comienzan a relajarse y a dejar ir. El dolor comienza a aflojar a medida que los músculos se sueltan. Empiezas a sentirte bien; empiezas a sentir a Dios.

Con ese sentimiento de alegría sublime, empieza a imaginarte (a integrar la imagen) que partes de cero, ahora mismo. No importa lo viejo que sea tu cuerpo físico, no importa que seas mujer u hombre. Esta energía no tiene preconceptos a ningún nivel. Te deja que hagas lo que tienes ganas de hacer. Si haces cosas buenas, atraerás cosas buenas. Si haces cosas malas (si es que las cosas malas existen), atraerás eso mismo hacia ti.

El desafío de este mundo es albergar en tu mente sólo las imágenes de lo que quieres. Los semejantes se atraen. A la desdicha le encanta la compañía. Si eres desdichado, atraerás a gente desdichada. Muchas personas buscan cualquier pretexto para poder quejarse, pues hacerlo justifica su existencia. Quizás sientan que tienen que justificar su existencia. En verdad, simplemente estar aquí es suficiente justificación.

No tienes que demostrarle nada a nadie, ni tampoco probar que estás aquí. No tienes que dar una imagen para que las personas la admiren. No tienes que tratar de ser algo que no eres. Deja de representar roles y permite que los otros vean al verdadero ser que eres. Si les gustas, bien y si no les gustas, te evitas tener que jugar todos esos juegos que, en última instancia, nunca ganarás.

Puedes abandonar cualquier lugar que no funcione para ti. De hecho, puedes cambiar tu conciencia interna y comenzar lo que llamamos una *dieta mental*. ¿Qué es la dieta mental? Durante treinta días, piensa sólo pensamientos positivos. No pienses en cosas negativas voluntariamente; no le des vueltas a las cosas negativas en tu mente. Si tienes un pensamiento negativo, cambia inmediatamente las imágenes de negativas a positivas, y deja ir el pensamiento. No te obsesiones con lo negativo.

Eso no quiere decir que pases por alto alguna cosa que esté sucediendo a tu alrededor. No dije que te volvieras estúpido. Si ves algo negativo, míralo y, si puedes, cámbialo. Si es algo que te atañe, soluciónalo y, si no lo es, deja que otro que puede hacerlo lo solucione. Eso es ser inteligente.

Eres responsable de lo que retienes en tu mente y no de lo que se atraviesa por tu mente. Podrías decir: "Pero es que en mi familia hay alguien que está muy enfermo. ¿Cómo hago para no tener pensamientos negativos?". Nunca dije que fuera fácil. Puede ser un gran desafío.

Aquí tienes un método para eliminar las enfermedades en la familia. Imagina en tu conciencia a esa persona llena de salud, riqueza y felicidad. Vela llena de vitalidad, caminando libremente y disfrutando de la familia. Si lo haces con la suficiente intensidad y, al mismo tiempo, la persona sigue las instrucciones de un buen médico, es posible que mejore en muchos niveles.

Podrías decir: "Pero es que la enfermedad está tan avanzada que dudo que se pueda hacer algo. Está senil y en estado inconsciente la mayor parte del tiempo". Incluso en ese caso, no existe motivo alguno para que te preocupes. Si tus pensamientos positivos, tus rezos y tus imágenes mentales viendo a la persona sana no pueden hacer nada, tampoco lo podrás hacer desesperándote y preocupándote. Quizás sea el momento de que prepares al resto de la familia para cuando esa persona los deje. Es la realidad. Haz lo que esté en tus manos y cuando no puedas hacer nada más, déjalo ir. Sea cual sea la situación, preocupándote no solucionarás nada.

Un psiquiatra me dijo una vez que sólo se puede ayudar a la gente hasta un cierto punto, y luego, hay que hacerse a un lado. Y que si la gente no se ayuda a sí misma, hay que internarlos o ponerlos en alguna institución u hospital para que personal especializado los cuide y los atienda. Las familias, por lo general, piensan que jamás le harían eso a un ser querido, pero puede que la familia no esté preparada o equipada para cuidar de alguien que está enfermo.

Cuando no haya nada más que hacer por la persona físicamente, imagínatela feliz hasta que haya abandonado el cuerpo físico. Después, deséale que alcance el nivel de conciencia más alto que conozcas; no la detengas con tu tristeza. Ayúdale con tu amor y no le niegues este último minuto de paz y contento.

Si sólo has estado teniendo pensamientos positivos y la persona muere, tú estarás libre de toda atadura. No tienes que vivir ni en dolor ni en culpa. En tanto la persona se encuentre en este nivel, demuéstrale cuánto la amas. Pregúntale qué puedes hacer por ella y si te dice que está contenta y que no le falta nada, créele y déjala partir.

La aceptación y el amor abrirán las cerraduras que fueron colocadas en la mente subconsciente. Algunas veces, puedes liberar bloqueos subconscientes confrontándolos aunque no sepas cómo se originaron. Por ejemplo, digamos que simplemente el color amarillo no te gusta, te irrita y hasta te pone mal genio. No quieres tener nada que ver con el color amarillo. Te niegas a entrar a una habitación amarilla, no comes limones y tampoco te subes a un taxi de ese color. Puede que no recuerdes la película, la lluvia o el tiquete amarillo que te dio el encargado del parqueadero aquella vez. Pero no es necesario recordar el incidente para romper el patrón. Lo rompes confrontándolo.

Ve al teatro de la mente e imagínate haciendo cosas que normalmente evitarías. Visualízate teniendo éxito con ellas. Imagínate estando en una habitación amarilla y sintiéndote cómodo, y escúchate decir: "Es sólo otro color".

La próxima vez que alguien te pregunte si te gustaría tu té con limón, dirás: "Sí, por favor". Exprímelo tú mismo mientras te dices: "Está bien, es sólo un limón".

Imagínate que hayas solucionado lo de los limones y los de las habitaciones amarillas, pero no te gustan los taxis amarillos y no te animas a meterte en uno. Vuelve al teatro de la mente. Imagínate parando un taxi amarillo y entrando en él. Puede que digas: "¡Espera un momento! Llegué a imaginarme hasta que abría la puerta del taxi, pero ahora estoy temblando por dentro". Abre los ojos. Es sólo un ejercicio de la mente y no hay ningún taxi presente. Puedes relajarte.

Es muy posible que quedes atrapado en tu mente, ya que en realidad es un nivel muy poderoso. Si la acción de imaginar se pone demasiado intensa, abre los ojos y haz contacto con lo que te rodea y la realidad. Prueba una vez más; cierra los ojos e imagínate el taxi otra vez. Abre la puerta del vehículo y empieza a entrar en él. Si te resulta difícil, recuerda que sólo existe en tu mente. El taxímetro no está funcionando, así que puedes tomarte el tiempo que quieras.

Cuando sientas que puedes manejar la situación, métete dentro del taxi y cierra la puerta. Da una vuelta a la manzana. Y eso quizás sea todo lo que puedas hacer por el momento, pero has tenido éxito. Has roto con el bloqueo *amarillo*. Y como has completado eso, los otros bloqueos como la película, la lluvia, el limpiaparabrisas, la canción en la radio y el empleado del estacionamiento empezarán a disolverse también, por estar todos interrelacionados. Cuando rompes con uno, lo haces con todos.

La naturaleza creativa de Dios está en tu interior. Integras esa energía respirando de a una respiración a la vez, y con esa energía estableces un patrón. A veces, creas un desastre y otras, algo muy bello. El Dios dentro de ti está aprendiendo a conocerse a través de sus propias creaciones. El Dios Supremo es un Dios del amor y de la paciencia infinita que dice: "Puedes tomarte todo el tiempo que quieras para procesar tu energía. Aquí estaré cuando elijas la conciencia del amor".

Amor y afecto son dos cosas distintas. En el afecto puedes ser lastimado. Te pueden lastimar cuando sólo te entregas en un cincuenta por ciento y cuando das un noventa y nueve por ciento. Cuando das al cien por ciento, estás demostrando perfección y en la perfección no puedes ser lastimado.

Puedes decir: "Eso suena muy bien, pero...". ¿Cuál es el *pero*? ¿Cuál es tu bloqueo? ¿Alguien te rechazó alguna vez para que ahora tengas ese rechazo encadenado a tu mente reactiva? Sácalo a la superficie y libéralo.

¿Por qué te rechazó esa persona? ¿Tenías mal aliento? ¿Caspa? ¿No te habías estado duchando muy seguido? La pregunta es, si fuiste tú el rechazado o algo que estabas haciendo y que hubieras podido cambiar. Incluso, aunque lo hubieras cambiado, la persona podría haberte dicho: "Lo siento, pero ya tengo un compañero". No te preocupes, tendrás otra oportunidad; no va a ser necesariamente con esa persona, pero será con alguien.

Muchas personas buscan que alguien las eleve, las cuide, comparta con ellas, pero sin asfixiarlas o como una mamá sobreprotectora, sino como amante. Ser un amante es estar en una conciencia del amor, en una conciencia que diga: "No importa lo que hagas, te sigo amando". Es el amor de los padres por su bebé. Es probable que no amen los pañales sucios, pero lo mudan de todas maneras. Eso es parte de su responsabilidad como creadores. Se llama ecología espiritual. Hasta que un niño no sea capaz de cuidarse solo, alguien lo tiene que hacer por él.

El bebé reclama con todo su ser: "¡Ámame!". ¿Quién puede negar ese pedido de amor? He visto a hombres duros, banqueros y expertos financieros, para quienes lo único importante era el dinero, mirar a un bebé y derretirse por dentro. Pero se aseguran de que nadie los vea, pero si hay testigos, se excusan diciendo: "Debe ser algo que comí...". Pero no fue algo que comieron, fue amor y éste no puede ser negado.

Algunas personas creen que el camino espiritual es fácil. Todo lo contrario. Los débiles no lo logran. En el sendero espiritual debes caminar a tu propio ritmo y hacer las cosas que funcionan para ti. Tienes que complacerte. (Si no lo haces, te condenas y eso puede ser un problema). ¿Tienes otra alternativa? No, porque la conciencia espiritual está inundando todo el planeta.

He dado la vuelta al mundo varias veces y he visto toda clase de personas, jóvenes, viejos, ricos, pobres, felices y amargados, y he comprobado que cuando sonríes, hablas un idioma universal. El amor de tu corazón sale y se entrega a los demás.

Ha habido personas desconocidas que se me han acercado y compartido conmigo cosas muy hermosas y personales. Eso a veces me asombra, porque no es la forma en que normalmente la gente se comporta. La gente, por lo general, ignora la presencia del otro pensando que puede andar detrás de algo que ellos no están dispuestos a dar. Si no puedes dar de ti mismo, nadie puede darte a ti. Nadie puede ayudarte.

Si te llevas por delante una pared, te das vuelta y *pides* ayuda, será un agrado para mí poder ayudarte. No tendré ningún problema en señalarte el camino hacia la puerta. Puedo indicar el camino hacia muchos lugares y a mucha gente. Pero, a menos que tú hagas algo por ti mismo, mi ayuda no servirá de mucho. El que lo desees, no ayudará. El que lo esperes, tampoco. El deseo y la esperanza son expresiones de una fe negativa. La manera en que se consiguen las cosas es *haciéndolas*.

La verdad te hará libre. La verdad es lo que funciona para ti. Puede parecerte que cambia de tanto en tanto, pero debes hacer de la verdad tu experiencia, tu vida. Es fácil estar de acuerdo en algo negativo, pero es más difícil estar de acuerdo en algo positivo. Para lograrlo, tienes que desistir de tu punto de vista, de tu condicionamiento, de tus prejuicios, de tu ego y decir: "Padre-Madre-Dios, hágase tu voluntad".

La voluntad de Dios *se hace*, lo quieras o no. Cuando te resistes a ella, te sitúas en lo negativo. Cuando tratas de ajustar en lo posible tu voluntad a la voluntad del Espíritu, estás trabajando en pos de lo positivo. Cuando tu voluntad y la del Espíritu coinciden, sientes una plenitud que rebosa. Entonces, sabes que Dios está en el Cielo y que el mundo está en orden. No te sientes ni separado ni perdido. Sientes que no abusan ni se aprovechan de ti. ¡Claro está que te usan! Todos estamos aquí para ser usados. Pero cuando estás haciendo la voluntad de Dios, es cuando eres más útil al Espíritu.

Si no te sientes útil, al menos sé decorativo y agradable de mirar. Si no puedes decir cosas buenas, no añadas más basura a la que ya existe. Puedes cambiar los patrones de energía condicionada conociendo tus niveles internos, las partes que están bloqueadas y las partes que están sobre exigidas. A continuación, debes comenzar a equilibrarlas vigilando lo que haces, paso por paso.

Vigilar cuidadosamente lo que haces puede sonar como algo difícil, pero cuando tienes cuidado con lo que exteriorizas, son menos las cosas que vuelven a ti para que las resuelvas, y ahí es cuando las cosas se ponen más fáciles. Tan pronto comiences a hacerlo, entenderás de qué estoy hablando y te preguntarás por qué te demoraste tanto en ponerlo en práctica.

Muchas veces en el pasado has dicho: "Está decidido. Voy a hacer tal cosa", y al decir eso, lo colocas en el subconsciente y en la mente universal y le das la energía necesaria para que se manifieste. Luego, pasa una semana y ya no estás tan seguro de que sea eso lo que de verdad quieres. ¿Qué pasa entonces con tu programación? La computadora de tu mente dice: "Cancelado". Cuatro días más tarde piensas: "Me parece que sí lo voy a hacer, después de todo", y lo activas otra vez. Seis días más tarde, nuevamente lo declaras "cancelado".

Lo mejor que puedes hacer es volver a empezar todo de nuevo. Cuando cambias tus decisiones, la computadora se trastorna y empieza a decir: "¡Rechazado! ¡Rechazado! ¡Rechazado!". Entonces empiezas a sentirte rechazado y te preguntas: "¿Por qué me pasa esto? ¿Por qué no me ocurren cosas buenas?". ¿Por qué no te *resuelves de una vez por todas* y mantienes tu decisión? Podrías decir: "Lo haría si supiera dónde está mi mente". Entonces, decide con tus emociones. Ellas se ubican en tu estómago, donde sientes el "cosquilleo". Decides con las emociones poniendo atención a tu respiración, calmándote, relajándote y sintiéndote bien. *Luego*, lo verificas con tu mente.

La Biblia dice: "Tal como piensa un hombre en su corazón, en eso se convierte"(Proverbios 23:7). Las imágenes que mantienes en tu conciencia son aquello en lo que te convertirás. ¿Sabías que muchas de las cosas que mantienes en tu mente ni siquiera son tuyas? Es bueno que diferencies aquello que es tuyo de aquello que no lo es, sólo entonces podrás decidir lo que quieres. Despeja tu mente de lo que tus padres quieren, de los deseos de los profesores y de los puntos de vista de los ministros. Sólo mantén en tu mente aquello que quieres que haya más en tu vida.

Ponte muy selectivo y aplica mucho criterio con respecto a los pensamientos que entran en tu mente. Observa tu mente. ¿Quién es el que está observando? Tú. No eres ni tu mente, ni tu cuerpo, ni tus emociones, ¿Pensabas que sí? Así es como te han condicionado los anuncios publicitarios, los programas de televisión que ves y las revistas y libros que dicen: "Lo único que importa es tu hermoso cuerpo". Todo eso está bien, pero sería mejor que fueras selectivo en lo que ves y en lo que atraes a tu interior.

La mente subconsciente graba todo, aunque tengas los ojos cerrados. Registra lo que escuchas y lo que no escuchas conscientemente. Es tu mecanismo de grabación y graba a través de tu cuerpo, tus emociones y tu mente. Ten cuidado cómo lo utilizas. Selecciona la música que te gusta escuchar, selecciona tu propio ritmo. No esperes que a los demás les gusten los ritmos que a ti te gustan. No esperes que te gusten a ti todo el tiempo los ritmos que eligen las otras personas.

Puedes amarlos a todos. Puedes percibir amor, puedes sentirlo. Puedes percibir la sinceridad y la honestidad. La mejor comprobación es ver lo que funciona para ti. Si funciona para ti, no tienes que preocuparte si la otra persona te está diciendo la verdad o no. No interesa, porque para ti eso está funcionando.

Conoces a Dios por la eterna presencia de la alegría y el amor que surgen espontáneamente. Incluso, aunque le digas a alguien: "Me estás molestando. ¿Te importaría dejarme solo?", y agregas inmediatamente: "Pero no te vayas muy lejos. Te quiero pase lo que pase, así que si me quieres seguir molestando, no importa". Si amas a los demás lo suficiente, no pueden molestarte por mucho tiempo. El amor en suficiente medida lo supera todo.

El amor incondicional permite una libertad perfecta. Cuando un niño que está aprendiendo a caminar se cae, los padres no le dicen: "No trates de caminar nunca más. Puedes lastimarte". En cambio, le dicen: "¡Levántate!". Y el niño lo intenta de nuevo y vuelve a caerse, y los padres le dicen: "¡Levántate otra vez!". Le ayudan al niño cuantas veces sea necesario.

El niño puede caerse y pegarse en el borde de la mesa. A todos nos ha pasado. Entonces el niño aprende a tener cuidado y a evitar el borde de la mesa. No debes evitarles las experiencias de aprendizaje a los niños, pero puedes forrar el borde de la mesa. Les puedes hacer las cosas más fáciles, eso sí.

Los padres deben enseñarle a sus hijos amor, disciplina, libertad y la capacidad de elevarse, mediante el ejemplo de esas mismas cualidades en sus vidas. Entonces, los niños no tendrán que desempeñar el rol de 'madre' y de 'padre' de sí mismos al ir creciendo, y tampoco tendrán que desempañar el rol de bebé con sus cónyuges más adelante. Pueden convertirse en adultos maduros, que entienden los diferentes niveles de responsabilidad que existen. Cuando tengan que hacer algo que no les gusta y preferirían no hacerlo, tendrán la suficiente disciplina y libertad interior como para hacerlo de todas maneras.

Existe una diferencia entre aquellos que avanzan en el camino espiritual y aquellos que permiten que sus deseos los venzan. Aún en medio del deseo, la persona espiritual dice: "No, no me voy a meter en eso. Sé a dónde me va a llevar, pues ya conozco el resultado. Continuaré haciendo lo que funciona para mí. Me mantendré en mi centro". Todos tienen esa capacidad, aunque algunas personas lo demuestren mejor que otras.

Herramientas y Técnicas para el Capítulo IV
El Poder de Tu Subconsciente

La Dieta Mental

Por treinta días, sólo alberga pensamientos positivos.

Si un pensamiento negativo entra en tu mente, inmediatamente cambia la imagen de negativa a positiva y deja ir el pensamiento.

Si ves algo negativo, aprovecha la oportunidad para enviar la Luz, visualiza el bien mayor de la situación y suéltala.

Claves

El amor incondicional permite una libertad perfecta.

Sólo mantén en tu mente aquello de lo que quieres más.

Enfócate en tu respiración

Afirmaciones

Soy leal a mí mismo.

Estoy completando todo lo que comienzo.

Cumplo las promesas que hago.

Aprendo de mis experiencias.

Estoy recibiendo las bendiciones del Espíritu.

Coopero con las oportunidades que se me presentan.

Estoy progresando en mi camino espiritual.

Estoy demostrando amor, disciplina, libertad y elevación.

CAPÍTULO V

EL
PODER
DE TU
INCONSCIENTE

A veces, funcionamos con un tipo de simbología en nuestra conciencia, que crea formas de conducta supersticiosas. Por ejemplo, si ves una estrella fugaz, pides un deseo; si pasas por debajo de una escalera, vas a tener mala suerte; si llegas a la esquina antes de que cambie la luz, vas a conseguir una cita esa noche. Éstas son supersticiones que la gente alimenta en su conciencia debido a conflictos no resueltos y a la simbología de la mente inconsciente.

Se pueden encontrar expresiones interesantes de simbología inconsciente en el juego de béisbol. Por ejemplo, Babe Ruth (quien fuera pitcher en sus comienzos), sacaba la lengua cada vez que iba a lanzar una bola rápida y por el medio. Muy pronto los equipos rivales se dieron cuenta de esto y los bateadores empezaron a pegarle a la bola prácticamente siempre.

Finalmente, alguien tomó un espejo y lo puso frente a Babe Ruth, diciéndole: "Manda la bola derecho por el medio". Cuando Babe se dispuso a hacerlo, pudo ver en el espejo que sacaba la lengua y dijo: "Yo no sabía que hacía eso". De ahí en adelante, mantuvo la boca cerrada.

Por ser un patrón inconsciente, al tomar conciencia de él, pudo cambiarlo.

Otra forma de encarar el nivel inconsciente es usando la simbología de una manera supersticiosa: la astrología, la numerología, la lectura de la palma de las manos y de las hojas de té, la interpretación con una bola de cristal, y tantas más. En todos estos procesos, te estás manejando con símbolos y formas, dejando que los mismos te reflejen cosas. Estás tratando con una forma de conocimiento (no de intuición), donde tienes una convicción preconcebida que carece de un punto de referencia propio. Alguna gente lo llama improvisación, que es cuando emprendes algo sólo porque sientes que es lo correcto. Es diferente de la filosofía elaborada, que es cuando analizas varias ideas hasta que llegas a una conclusión lógica.

Cuando te involucras en el área del ocultismo, empiezan a salir muchos patrones y símbolos inconscientes a la superficie. A medida que van apareciendo, resulta difícil discernir qué está ocurriendo en realidad. Al entrar en contacto con estas áreas, tu comportamiento puede ser errático y parecer neurótico y tú experimentar delirios de grandeza. Cuando estos patrones inconscientes salen a la superficie, es posible que se dispare un síndrome psicótico, ya que en la mente consciente no existe un punto de referencia para estos símbolos y patrones. La mente es incapaz de categorizarlos o clasificarlos fácilmente. Éstos se sueltan automáticamente.

Es de suma importancia que evites involucrarte en los niveles ocultistas o hurgar en ellos, a menos que puedas identificar estas energías tan rápidamente como aparezcan. Si no puedes hacerlo, es posible que tengas que buscar la ayuda de psicólogos conductistas, trabajadores sociales o instituciones para someterte a una terapia médica o psiquiátrica. El nivel del ocultismo debería encararse sólo teniendo una base sólida y en conjunto con los niveles científico, espiritual e intuitivo. Sin embargo, la gente muy pocas veces lo hace. Demasiado a menudo, se piensa que los niveles científico, oculto y espiritual son muy diferentes y que no guardan relación alguna entre sí.

Cuando usamos palabras del nivel consciente para hablar del inconsciente, inmediatamente empezamos a tergiversarlo. La única forma de comunicarse en el inconsciente es inconscientemente. Quizás parezca ambiguo, pero no lo es. Aunque el inconsciente sea un aspecto más de nuestra conciencia, es un nivel que nos pasa totalmente inadvertido. Incluso, llamarlo "inconsciente" es un error de enfoque, ya que rotular algo es un proceso consciente y no tenemos ninguna manera de estar conscientemente conscientes del inconsciente.

Puedes conocer aquello que es inconsciente a través de tu mente inconsciente. La clave está en mantener el nivel inconsciente para que puedas llevar tu conciencia hasta allí sin ninguna interferencia. No puedes llevar al nivel del inconsciente la mente, las emociones, la imaginación o el cuerpo, más bien tienes que simplemente flotar de una manera neutra a través de ese nivel y aceptar lo que se presente.

A través de la meditación, tampoco se logra viajar fácilmente por el inconsciente, aunque sí es posible por medio de la contemplación. La contemplación consiste en tomar un objeto, mirarlo y dejarlo que te revele lo que hay ahí. El objeto no hace nada; la observación del objeto permite apaciguar la mente, la imaginación y las emociones. Gradualmente, todo parece que se saliera de foco y cuando el enfoque se pierde del todo, los niveles inconscientes empiezan a ascender.

Se pueden liberar muchas cosas a medida que estos niveles inconscientes salen a la superficie. Si existen secuelas de enfermedades, quizás te vengan memorias y digas: "Sí, recuerdo haberme lastimado el hombro hace años y ahora me vuelve a doler, pero no tanto como antes". Estos son patrones que empiezan a salir a la superficie para ser liberados. Cuando permitas que estas liberaciones y despejes ocurran de una manera natural, experimentarás muy pocas dificultades. Estas cosas se te presentarán solamente cuando seas capaz de entenderlas y manejarlas.

Si accedes al inconsciente a través de la lectura de un psíquico o adivino, pueden salir muchas cosas a la luz. Sin embargo, el psíquico puede no tener conciencia del nivel inconsciente. Quizás trabaje desde el nivel mental o del emocional y puede que te haga sentir bien con una interpretación emocional de tu simbología inconsciente. Los psíquicos pueden abrir las puertas del nivel inconsciente y, si has consultado a alguno de ellos, tal vez te marches sintiéndote bien. Pero al rato, esta simbología de tu inconsciente puede empezar a activar otras energías no tan placenteras.

Si esto ocurre y vuelves donde el psíquico y le dices que has estado teniendo dificultades, el psíquico puede decirte. "¡Qué interesante! No tendrías por qué estar teniendo ningún problema. Cuando hice tu lectura, te sentí bastante bien", y en su mente puede que esté diciendo: "Pero si todo lo dije correctamente". Desde el nivel de conciencia en el que se encuentra, todo le parece bien. Pero los sentimientos suelen traicionarnos y la mente no conoce el inconsciente.

Estos psíquicos no notan que liberan energías sutiles de las que ellos no están conscientes.

Conozco a muchas personas que después de tener una sesión con un psíquico, vienen a consultarme a mí. Todo lo que yo hago durante una hora o dos es ponerle una tapa a las energías que fueron liberadas durante la sesión con el psíquico. Eso es necesario, pues la persona está demostrando que no puede manejar los patrones que se han soltado.

Una vez que logro controlar dichas energías, casi siempre la persona en cuestión vuelve a visitar al psíquico, permitiéndole que las libere nuevamente. La persona puede terminar en el manicomio si continúa con ese tipo de patrón. A los psíquicos les gusta creer que están ayudando, pero lo que realmente están haciendo es un gran daño.

Esta gente, a menudo piensa que es capaz de interpretar la simbología de otras personas, cuando en realidad están leyendo con sus propios niveles de superstición inconsciente. Se dice que el ladrón piensa que todos son de su misma condición, los alcohólicos piensan que todos son alcohólicos, Dios ve a Dios y el inconsciente ve al inconsciente.

Es importante que cuando mires los diferentes niveles de conciencia, los veas como una continuidad horizontal y no como una jerarquía vertical. De esa manera no tendrás la tentación de clasificar algo como mejor o peor que otra cosa. Las cosas son lo que son y debes tomar cada uno de estos niveles de una manera objetiva.

No necesitas que nadie dilucide tu simbología por ti. No necesitas una interpretación de su significado. Quizás pienses: "¡Ay, Señor! Tengo esto adentro que aparece todo el tiempo. Lo escucho, lo veo como un símbolo en mi mente, siempre está presente. ¿De qué se trata?". La respuesta es: "No importa. No hay forma de saberlo". Pero sigues preguntando: "¿Qué puedo hacer al respecto?", y la respuesta es: "¡Nada!". Insistes: "¿Cómo puedo deshacerme de eso?", y la respuesta es: "Haz algo físico, eso resolverá el dilema".

Toma tu dilema inconsciente, esa perorata supersticiosa que mantienes, y corre alrededor de tu casa. El ejercicio físico puede hacer maravillas para aliviar y resolver muchos dilemas de naturaleza emocional, mental e inconsciente. La gente dice que sabe que tiene que hacer más ejercicio, pero que no les basta con correr, que no es el ejercicio que necesitan. A ellos les digo que si corren largo y con fuerza, no necesitarán hacer ningún otro tipo de ejercicio. Les bastará con eso. Caminar rápido también ayuda, en tanto te mantengas en movimiento todo el tiempo y no te detengas.

Una de las formas en que el nivel inconsciente nos incluye, es a través de la formación de actitudes. La gente pregunta: "¿Qué es una actitud? ¿Cómo se forma una actitud en mí?". El nivel inconsciente con el que estamos trabajando es un factor importante para determinar nuestras actitudes. Veamos parte de la dinámica en este proceso.

Cuando los niños nacen, el nivel del inconsciente es uno de los primeros niveles que ellos expresan. Después, toman conciencia del sentido del tacto y del gusto y se manejan con sensaciones, estados emocionados y estímulos. Durante un tiempo, el consciente no juega ningún papel preponderante. Es un depósito que está a la mano, pero al cual no se accederá por un largo tiempo. Los niños tienen que aprender primero a controlar sus músculos para poder desempeñarse en el mundo físico. Ésa es la tarea más importante que tienen durante una gran cantidad de años.

A medida que los niños van creciendo, sus actitudes se empiezan a formar a través del proceso de mirar algo y pensar en ello. Al mirar y pensar, el objeto se convierte en algo familiar y entonces se identifican con él. Cuando se identifican, dicen: "Esto es mío". Si se les pregunta por qué es de ellos, quizás contesten que lo han visto mucho y, por consiguiente, les pertenece. En la mente se ha arraigado un sentimiento de propiedad. Dicho sentimiento se apoya en una actitud valórica que equipara lo *mío* con *bueno*, y que dice: "Esto es mío es bueno, es mío es bueno...". Y se convierte en un círculo de posesividad.

Es sabio que reevalúes tus actitudes con frecuencia. Una manera de hacerlo es enfocándote adentro por un momento y cerrando los ojos para que no te distraigas con el exterior. Al cambiar tu enfoque, apartándolo de tu dilema o problema, puedes romper con la influencia del inconsciente y cambiar de actitud.

Cuando entras en el nivel etérico de tu conciencia, nada tiene mucho sentido para ti porque lo único que hay allí son símbolos. Debes tener cuidado cuando mires a través de la conciencia astral (imaginativa) y veas cosas como platillos voladores, brujas montadas en escobas, o cosas similares, y pienses que, como las viste en tu imaginación, existen realmente. Por lo general, no es así; son sólo imágenes proyectadas con las que estás tratando. A pesar de que puedan parecer muy reales, son ilusiones.

Te estarás preguntando si con esto quiero decir que estas cosas no existen, ¿no? Si estás hablando de pruebas tangibles, hay poca evidencia de que existan. Pero las personas que viven en la conciencia de las brujas, los demonios y los platillos voladores, viven esa realidad. La sociedad generalmente considera a dichas personas como pertenecientes a un submundo marginal.

Es mejor que seas cauto con estas cosas. Aunque pueda ser interesante ver la simbología, las imágenes y las ilusiones, es importante que las mires como mirarías un cuadro; míralas y luego sigue tu camino. No hay mucho de realidad que puedas usar en todo eso; son sólo representaciones simbólicas.

La pintura se ha convertido en una parte muy importante de la simbología de nuestro tiempo. Cuando el arte abstracto se hizo famoso, la gente determinaba el valor de una obra de arte por la simbología que evocaba desde el inconsciente. Compraban las pinturas basados en eso.

Con el tiempo, sin embargo, se produjo tanto arte de ese tipo que la gente se saturó. Desde entonces, la pintura abstracta no es tan popular y la gente busca nuevamente imágenes más tangibles y reales. El tipo clásico de pintura antigua se ha vuelto popular nuevamente: paisajes, naturalezas muertas o retratos de personas que se ven como personas.

La escultura sigue expresando un punto de vista un poco más abstracto. Mucha gente que disfruta de dicha simbología, visita todo tipo de galerías para dejarse estimular por el nivel inconsciente.

Sin embargo, a veces el inconsciente puede ser como un tigre feroz y despertar frecuencias vibratorias extrañas en las personas. Cuando esto sucede, puede que ocurra un cambio de actitud y de conciencia. Entonces, estas personas podrían empezar a manifestar sus dilemas inconscientes en el mundo físico como una forma de arte o de un comportamiento determinado.

Otro aspecto del inconsciente puede manifestarse en el baile. Una vez vi un ejemplo muy interesante de esto en una tienda de discos. Estaban tocando rock, del pesado que le llaman, y una niñita de unos tres años empezó a bailar. Cuanto más se metía ella en la música, más se parecía a un pingüino; esa simbología me quedó grabada por largo tiempo.

En otra ocasión, vi un programa de televisión en el que jóvenes bailaban al compás de la música rock. Busqué la simbología que estarían manifestando y fue realmente impresionante. Les estaba sirviendo de catarsis pero, al mismo tiempo, estaban liberando energías del inconsciente sin saber cómo controlarlas o contenerlas. Como resultado de esto, puede que adopten comportamientos raros o antisociales en el futuro.

Naturalmente, no todos estos jóvenes experimentaron un cambio de conducta. Pero, sin saberlo, estaban mezclándose con energías poderosas y dejándose abiertos a esa posibilidad. Puede que hasta haya sido necesario internar a algunos de ellos, y no porque haya habido algo malo con ellos, sino porque cuando estas frecuencias se mueven adentro de ellos, ellos se conectan con esa energía y, luego, ella toma el poder. Y como en este mundo no hay un lugar donde se pueda lidiar con ella, empiezan a manifestar un comportamiento raro. Puede que se rían a carcajadas y sin sentido, que hablen tonterías, y que se expresen de formas que resultan incomprensibles para el resto del mundo. Para ellos, eso es real, para el resto de nosotros es locura. Realmente han perdido el equilibrio normal, se han desestabilizado con respecto a su propia forma, que es estar en paz y armonía.

La conciencia humana evoluciona a un ritmo y velocidad naturales. En el momento oportuno para ella, empieza a comprender más y mejor su verdadera naturaleza. Está programada para evolucionar hacia su autorrealización y tomar conciencia de Dios. Los intentos artificiales para tratar de acelerar ese proceso, dan como resultado un retraso y un deambular sin sentido.

En tu camino hacia la autoconciencia y la toma de conciencia de Dios, es mejor elegir los métodos naturales de meditación, contemplación, ejercicios espirituales, estudio con maestros espirituales y que te juntes con personas que también están en la búsqueda de un despertar espiritual. Tu progreso será más suave y más rápido si evitas los llamados "atajos".

Existe una forma natural de progresar y también hay caminos que tratan de controlar y manipular la vida. Podemos verlos como polaridades femenina y masculina. La masculina trata de controlar y dirigir su imperio. Lucha siempre por estar en una posición superior. La femenina no tiene que hacer nada de esto porque fluye de una manera más natural, en armonía con lo que la rodea. No hay necesidad de poner reglas, presentar decretos o luchar por el poder.

Necesitamos combinar lo mejor de estas conciencias masculina y femenina y llegar a un equilibrio neutro, en el cual mantengamos el poder de nuestro propio ser mientras flotamos con naturalidad con todo lo que nos rodea. Sí, es un ideal y sí, es posible.

La naturaleza progresa de una manera natural y la humanidad está incluida en ese progreso. Algunos preguntan: "¿Y qué pasa entonces con el eslabón perdido?". No existe, así de simple. Existen puentes de una raza a otra, y una vez que la nueva raza se ha establecido, no hay necesidad de mantener un puente.

En estos momentos, somos una raza de conexión en el planeta. En algún punto, desaparecerán ciertas razas que existen ahora y no quedarán trazas de ella, porque este nivel será dejado atrás. No habrá nada aquí que indique que existió. La nueva raza será la que esté presente. Sin embargo, no estamos hablando de unos pocos meses o años, sino de miles y miles de años. Todo esto será registrado, obviamente, por lo que quedarán indicadores del progreso evolutivo de la humanidad.

Toda persona debe hacerse enteramente responsable de su propia existencia. Esto no quiere decir que no debamos ayudarnos los unos a los otros, rascándonos las espaldas, alcanzándole un vaso de agua a un amigo o dándole un aventón. Significa todas esas cosas, siempre que ellas apoyen el fluir del crecimiento espiritual.

A veces, es mejor no darle un vaso de agua a alguien y decirle en vez: "Allí está la canilla y aquí está el vaso. Saca agua tú mismo". De esa manera, le ayudas a la gente a que se sienta menos dependiente y más confiados y capaces. Esto es lo que hacemos con los jóvenes para que ganen en experiencia y adquieren más confianza en sí mismos.

Demasiado a menudo, cuando adquirimos un poquito de conocimiento espiritual, queremos tomar a la gente y elevarlos rápidamente. Lo que ocurre es que al levantarlos, les hacemos una zancadilla y se caen. Entonces, le toman miedo a nuestra forma de enfrentar la vida.

La vida es muy natural, muy simple. Nosotros somos los que la complicamos, liberando energías internas
a través de formas de simbología, de mentalización y de
actitudes negativas. Estas cosas crean una lucha interna.
Como no queremos la lucha, las empujamos de vuelta al
inconsciente. Ellas siguen luchando adentro y luego se ma-
nifiestan como enfermedades o malestares que la ciencia
moderna no puede identificar ni curar. Es así como podemos terminar con muchos problemas físicos.

¿Cómo podemos manejar este tipo de trastornos inconscientes? Practicando técnicas espirituales: meditacio-
nes de distintos tipos, ejercicios espirituales, formas de
contemplación, mantras y tonos para enfocar, unificar y
elevar las energías, dándoles forma para que puedan fluir
con mayor suavidad y puedas sentirte más seguro. Existen
técnicas que han sido diseñadas para llegar a muchos niveles de conciencia y despejarlos. Al practicar estas técnicas
espirituales, te acostumbrarás más al fluir de la energía
dentro de tu conciencia, y te sentirás mejor contigo mismo
y los demás.

Al trabajar continuamente con las energías que tienes
dentro de ti, aprendes a reconocer lo que son, su propósito, su función y su dirección. Te sientes más cómodo
dentro de tu ser y manifiestas una integración mayor en
todos tus niveles. Entonces, dejas de estar a merced de tus
patrones y hábitos físicos, de tus adicciones emocionales,
de tus juegos mentales o de tus apremios inconscientes.
Eres capaz de adoptar patrones de comportamiento y expresión más positivos.

Evolucionamos yendo hacia adentro y conociendo
todos los niveles con los que estamos en contacto. Estos
niveles son: el cuerpo físico, la imaginación, las emociones,

la mente, el inconsciente y el Alma. Cuando nuestra capacidad de tomar conciencia adentro esté establecida, podremos avanzar hacia los niveles externos y descubrir que el mundo espiritual exterior se alinea con el reino interno. En ese momento, entenderemos el sentido de lo existente. Ese entendimiento lo sobrepasará todo y nos traerá paz y alegría.

Herramientas y Técnicas para el Capítulo V
El Poder de tu Inconsciente

Contemplación

Puedes conocer aquello que es inconsciente a través de tu mente inconsciente. La clave está en poder mantener el nivel inconsciente para que puedas poner tu conciencia allí sin interferencia alguna, sin pensamientos, sentimientos, imaginación o cuerpo. Flota de una manera neutra a través de ese nivel y acepta lo que se presente.

La contemplación consiste en tomar un objeto, mirarlo y dejarlo que te revele lo que hay ahí. El objeto no hace nada; la observación del objeto permite apaciguar la mente, la imaginación y las emociones. Gradualmente, todo parece que se saliera de foco y cuando eso sucede, el nivel inconsciente empieza a ascender.

A medida que estos niveles inconscientes salen a la superficie, se pueden liberar muchas cosas. Permite que estas liberaciones y despejes ocurran de una manera natural. Se presentarán solamente cuando seas capaz de entenderlos y manejarlos.

No necesitas que nadie dilucide la simbología de tu inconsciente.

Recuerda siempre pedir la Luz para los más altos fines. Cuando lo hayas hecho, suéltalo, ponte de pie, toma un poco de agua y muévete físicamente. El movimiento físico puede ayudar a despejar los niveles inconscientes que han salido a la superficie.

Claves

Practica técnicas espirituales: Meditationes de distintos tipos, ejercicios espirituales y contemplación. Acostúmbrate al fluir de la energía dentro de tu conciencia.

Afirmaciones

Estoy evolucionando a mi propio ritmo natural.

Estoy en equilibrio, manteniendo el poder de mi Ser, mientras fluyo con naturalidad con todas las cosas que me rodean.

Estoy experimentando paz y alegría.

Estoy en armonía conmigo mismo y con Dios.

CAPÍTULO VI

LA
FUENTE
DE TU
PODER

U na vez, un amigo me dijo: "Me asusta pensar que soy yo quien crea mi propia realidad, que soy responsable de todo en mi vida, incluyendo la negatividad que experimento. No sé si seré capaz de crear mi vida lo suficientemente bien". Mi amigo no necesitaba sentir miedo, su error radicaba en imaginarse el proceso de asumir responsabilidad como una tarea agobiante. De hecho, ya tenía mucho éxito en sus creaciones. Andaba vestido, había comido, tenía un techo sobre su cabeza y amigos queridos a su lado. Eso de por sí, ya es todo un éxito.

El solo hecho de que te encuentres aquí: vivo, respirando y con sangre que te corre por las venas, indica que eres capaz de crear tu vida exitosamente. Recuerda que has estado creando tu vida durante todo este tiempo. El proceso no comenzó cuando te diste cuenta de que lo estabas haciendo, sino que ha estado ocurriendo desde un principio.

No tienes que hacer ningún cambio radical para empezar a asumir responsabilidad por tu vida de manera consciente. Mira tu vida y pregúntate qué está funcionando a tu favor y qué en contra. Haz más de lo que funcione bien para ti y menos de lo otro. Explora nuevas formas de encarar las cosas que podrían funcionar mejor para ti, que aquellas que aplicas ahora.

Cuida tus pensamientos. La Biblia dice: "Tal como piensa un hombre en su corazón, en eso se convierte" (Proverbios 23:7). Otra manera de decirlo es que "la energía sigue a los pensamientos". Los pensamientos que albergas en tu conciencia se manifestarán de diversas formas para ti. Si deseas algo y piensas mucho en ello, tus pensamientos quedarán grabados en la mente universal y el proceso de manifestación de lo que deseas será puesto en movimiento. Ésa es la razón por la que decimos: "Ten cuidado con lo que pides, ya que podrías conseguirlo".

El proceso funciona de la misma manera cuando *no* quieres algo, pero piensas demasiado en *ello*. La mente universal sólo ve el contenido y la energía de tus pensamientos. Lo que pienses con tu mente, sea positivo o negativo, la mente universal tratará de conseguírtelo. Por eso suele suceder que aquello que temes, lo atraes hacia ti.

Concéntrate en lo que quieres; enfócate en aquello que producirá más amor y alegría en tu vida. Cuando te enfocas en lo positivo, ganas de muchas maneras. Ante todo, estás creando y promoviendo más positividad en tu vida. Cuanto más te concentres en el amor, más amor atraerás a tu vida. También estás disfrutando de una conciencia de amor aquí y ahora. Si quieres ser amoroso más adelante, ¿por qué no empiezas a serlo ahora mismo? De hecho, la mejor manera de asegurarnos un futuro positivo es siendo positivos en el presente.

Vigila tus emociones, ya que ellas son las que le dan energía a tus pensamientos y a tu imaginación. Cuando pones emoción en un pensamiento negativo, puede que le estés dando energía como para que circule continuamente en tu conciencia, y de esa manera produces más negatividad en tu vida. Una sugerencia: por cada sentimiento, ten un pensamiento que coincida con él, y que sea algo que puedas hacer físicamente y de una manera positiva. Este proceso te permite fortalecerte con la energía de las emociones y que ellas trabajen para ti, mejorando la calidad de tu vida.

Vigila lo que haces con tu imaginación. ¿Cuáles son las imágenes que te muestras a ti mismo? ¿Qué historias te cuentas a ti mismo? Utiliza tu imaginación para alinear tus pensamientos y sentimientos en una dirección positiva. Utiliza el teatro de la mente para visualizar claramente el resultado que deseas.

Gana siempre en tu imaginación. Si te estás contando una historia en la que pierdes, en que las situaciones juegan en tu contra, escribe de nuevo el final. Si has cometido un error en tu trabajo y te imaginas que te despiden, cambia el guión. Imagínate que consigues un trabajo nuevo y mejor, ahora que te has liberado del antiguo. Y si te gusta tu trabajo, visualízate creando una situación en la que puedas capitalizar tu error, algo en lo que toda la compañía se beneficie y que además te aumenten el sueldo. Ésa es la manera de crear tu realidad.

A fin de cuentas, todo ya es perfecto. La voluntad de Dios está siendo hecha a la perfección. Aunque, de hecho, tienes opciones en esta vida y lo que elijas puede afectar la forma en que experimentes tu vida. Si eliges ser feliz, experimentarás felicidad. Si eliges estar deprimido, experimentarás depresión. Tú lo decides.

Puede que preguntes: "¿Y qué pasa si ya estoy deprimido? No puedo decidir ser feliz y listo". ¿Nunca has estado deprimido y después te has sentido bien? En algún momento decides dejar de estar deprimido y en algún momento decides ser feliz de nuevo. Si vas a ser feliz después, ¿por qué no ser feliz ahora? Si vas a ser amoroso después, ¿por qué no ser amoroso ahora?

Todo en tu vida es un reflejo de lo que has creado, promovido o permitido en algún momento. Toma lo que tienes y utilízalo para construir la vida que deseas. Diseña tu vida de la misma manera que diseñarías un jardín. Desmaleza aquello que ya no necesitas o no quieres, y cuida con amor aquello que te gusta. Asimismo, tómate el tiempo para ir adentro, allí donde las distracciones exteriores no impiden que veas quien realmente eres.

Atraemos aquello en lo que nos enfocamos, es por eso que tiene sentido que nos enfoquemos en lo mejor, en lo más elevado que conozcamos. Si tu meta es despertar a la verdad de quien realmente eres, enfócate en esa verdad tal como la conoces. Al enfocarte en ella, ella se te revelará a ti.

Hay una antigua frase que yo uso: "Baruch Bashan", y que significa que "las bendiciones ya existen". El hecho de saber que podemos crear nuestra propia vida, puede ser una de nuestras mayores bendiciones. En este nivel, es la llave hacia la libertad. Nada de lo que hayas hecho tú o te hayan hecho a ti puede impedir que cumplas con tu destino. Toma las herramientas que se te han dado y úsalas de forma inteligente para crear tu vida exterior de una manera que refleje tu majestuosidad interior.

Cuando tu realidad interna realmente coincida con tu realidad externa, llegarás a tu hogar y serás libre y estarás viviendo tu destino como co-creador con Dios. Recuerda que ningún Alma se perderá, que Dios ama a toda su creación y que nunca se te dará nada que no puedas manejar. Ama tu vida –a ti mismo– como te ama Dios y nunca te sentirás perdido. Sabrás que todo lo que te sucede es para elevarte. A medida que este amor llene tu corazón, sabrás que las bendiciones ya están presentes.

Herramientas y Técnicas para el Capítulo VI
La Fuente de tu Poder

Revisa tu vida

Pregúntate qué está funcionando a tu favor y qué en contra. Haz más de lo que funcione bien para ti y menos de lo otro. Explora nuevas formas de encarar las cosas, que podrían funcionar mejor para ti que aquellas que aplicas ahora.

Claves

Que cada pensamiento tenga un sentimiento que coincida con él, que cada sentimiento tenga un pensamiento que coincida con él, sobre los cuales puedas actuar físicamente en sentido positivo.

Debes saber que tú creas tu propia vida. Ésa es la clave para ganar libertad en este nivel.

Afirmaciones

Estoy experimentando el éxito.

Me estoy enfocando en el amor.

Estoy disfrutando de mi conciencia de amor, aquí y ahora.

Estoy usando la energía de mis emociones de manera positiva.

Estoy mejorando mi calidad de vida siendo amoroso.

Estoy usando mi imaginación para apoyarme.

Me imagino con claridad los resultados que quiero lograr.

Invento historias que me elevan.

Siempre gano en mi imaginación.

Estoy tomando decisiones sabias.

Estoy decidiendo ser feliz.

Me enfoco en lo mejor y lo más elevado que conozco.

Soy un co-creador con Dios.

Me amo como Dios me ama a mí.

Estoy cumpliendo con mi destino.

Las bendiciones ya están presentes.

SOBRE EL AUTOR, JOHN-ROGER, D.C.E. [1]

John-Roger, maestro y conferencista de talla internacional, ha sido una inspiración en la vida de muchas personas alrededor del mundo. Durante más de cinco décadas, su sabiduría, humor, sentido común y amor han ayudado a personas a descubrir el Espíritu dentro de ellas y a encontrar salud, paz y prosperidad en sus vidas.

Con dos libros escritos en colaboración, que alcanzaron el primer lugar en la lista de libros más vendidos del *New York Times*, y con más de cuatro decenas de libros de auto-superación y materiales en audio, John-Roger nos legó un conocimiento extraordinario en una amplia gama de temas.

También fundó la iglesia sin denominación de culto, el Movimiento del Sendero Interno del Alma (MSIA), que se enfoca en la Trascendencia del Alma, así como diversas otras organizaciones que han llevado sus contribuciones al campo de la educación, la paz y el servicio. Ellas son: *University of Santa Monica* (Universidad de Santa Mónica), *Peace Theological Seminary & College of Philosophy* (Seminario Teológico y Escuela de Filosofía Paz, PTS), *Insight Seminars* (Seminarios Insight), *The Institute for Individual and World Peace* (Instituto por la Paz Individual y Mundial, IIWP) y *The Heartfelt Foundation* (Fundación Heartfelt).

---

[1]   Doctor en Ciencia Espiritual, programa de postgrado ofrecido por el *Peace Theological Seminary and College of Philosophy*, www.pts.org.

John-Roger dio más de seis mil conferencias y seminarios en todo el mundo, muchos de los cuales pueden ser vistos en su programa de televisión por cable e Internet, *"That Which Is"*, a través de *Network of Wisdom*. Apareció en numerosos programas de radio y televisión, y fue invitado estelar en el programa de *"Larry King Live"*. También colaboró escribiendo y co-produciendo las películas, "Guerreros Espirituales", "El Guía Espiritual" y "El Viajero Místico".

John-Roger fue educador y ministro de profesión, y continua transformando vidas, educando a las personas en la sabiduría del corazón espiritual a través de sus enseñanzas.

Para más información sobre John-Roger, visita el sitio web: www.john-roger.org

MATERIALES Y RECURSOS ADICIONALES DE ESTUDIO

Si te interesa explorar este tema

Las enseñanzas de John-Roger se encuentran en una amplia gama de materiales. A continuación, encontrarás una breve lista de materiales de estudio que te servirán de apoyo, si te interesa explorar la Trascendencia del Alma con mayor profundidad. Podrás encontrar más información en el sitio www.msia.org.

LIBROS por JOHN-ROGER

Momentum: Dejar que el Amor Guíe

Con una simplicidad excepcional, este libro comunica un profundo mensaje. Puedes vivir una vida satisfactoria sin necesidad de hacer grandes esfuerzos, trabajando duro o durmiendo menos. Lo único que tienes que hacer es dejar que el amor te guíe.

¿Cuándo Regresas A Casa?
Una Guía Personal Para La Trascendencia Del Alma

¿Cómo adquirió John-Roger la conciencia que lo identifica verdaderamente? John-Roger encara la vida como un científico en un laboratorio, descubriendo maneras de integrar lo sagrado con lo mundano, lo práctico con lo místico, y se fija en lo que funciona y lo que no lo hace. En este libro encontrarás muchas claves prácticas que te ayudarán a mejorar tu propia vida y a sintonizarte con la fuente de sabiduría que está siempre presente en ti. Tal vez la siguiente sea la clave más importante que John-Roger haya descubierto en sus viajes: que todo lo que sucede en la vida es una oportunidad para elevarse, aprender y crecer. En su relato puedes descubrir cómo conseguir que cada día te impulse con mayor fuerza en tu emocionante aventura de regreso a casa.

El Guerrero Espiritual: El Arte De Vivir Con Espiritualidad

Libro necesario para todo aquel que desea integrar sus vida espiritual con su vida material, y tener éxito en ambas. Guía práctica para descubrir un sentido más profundo en la vida cotidiana, esta propuesta radical nos coloca con solidez en el sendero superior para mejorar la salud, tener riqueza, felicidad, prosperidad, abundancia y tesoros, amar, cuidar y compartir, y tocar a otros con el excedente de todo lo anterior.

Abundancia y Conciencia Superior

La riqueza, cuando se la encara correctamente, puede ser un excelente apoyo al crecimiento espiritual. Este libro es una herramienta práctica que puede ayudarte a alcanzar mayor equilibrio, más abundancia y felicidad. Algunos de los capítulos incluyen:

> Ocho Pasos Para la Prosperidad
> Creando y Usando tu Imán de Dinero
> Diez Pasos Hacia el Éxito Personal
> Usando tu Energía Eficazmente

Mundos Internos de la Meditación

John-Roger describe el proceso de la meditación y aquellos reinos internos de conciencia que pueden ser alcanzados entrando en uno mismo. Este libro es una guía que puede llevarte hacia tus mundos internos a través de la meditación, y describe procesos prácticos y guiados mediante una serie de técnicas de meditación.

MATERIALES EN AUDIO por JOHN-ROGER

Una Meditación de la Abundancia

Solemos no ver lo que sucede en el mundo, por lo que experimentamos a Dios en términos de la carencia que sentimos. En vez de eso, debemos ejercitar la abundancia de Dios. John-Roger nos enseña que esta abundancia se puede manifestar a través del dinero. Pero si queremos el dinero sólo para nosotros, se convierte en codicia. Cuando se trata de la abundacia de Dios, el dinero debe ser una bendición para todos los que nos rodean. Aquí, J-R explica la ley superior de la manifestación y también cómo creamos escaséz y carencias en nuestra conciencia. (#1000-CDS)

Programando la Mente Universal

Hay un lugar en la mente universal donde puedes conseguir las cosas que pides cuando rezas. Afirma lo que quieres, carga esa afirmación con energía y colócala en la Luz. John-Roger comparte técnicas específicas para programar la mente universal y, además, guía una meditación. (#1828-CDS)

El Guía Espiritual

En este paquete, compuesto por cuatro seminarios en CD, puedes escuchar de labios de John-Roger las historias sobre su viaje espiritual, las que inspiraron la publicación del libro bajo el mismo nombre. Entre los seminarios se encuentran:

> *En Busca de un Maestro*
> *El Maestro y el Charco de Lodo*
> *Mi Reino por un Caballo*
> *El Ser Verdadero.*

Las historias son graciosas y conmovedoras y apuntan al mensaje profundo del trabajo espiritual que John-Roger fue llamado a hacer. (#3901-CDS)

En línea: *Amando Cada Día.*

Cita diaria gratuita para inspirarte y elevar tu Espíritu, que se recibe por correo electrónico. Si quieres suscribirte, visita la página web del MSIA: www.msia.org. Disponible en cuatro idiomas: inglés, español, francés y portugués.

Para ordenar los libros, CD's y DVD's, así como las Disertaciones, ponte en contacto con el MSIA llamando al (323) 737-4055 (EE.UU.), o envía un e-mail a pedidos@msia.org, o simplemente visita nuestra tienda en línea en www.msia.org

---

DISERTACIONES DEL CONOCIMIENTO DEL ALMA

Un Curso sobre la Trascendencia del Alma

Las Disertaciones del Conocimiento del Alma tienen como propósito enseñar la Trascendencia del Alma, que es tomar conciencia de que somos un Alma y uno con Dios, pero no en teoría sino como una realidad viviente. Ellas están dirigidas a personas que buscan un enfoque sistemático en su desarrollo espiritual, que se prolongue en el tiempo.

Las Disertaciones del Conocimiento del Alma son un conjunto de doce cuadernillos al año, que se estudian y contemplan de a uno por mes. A medida que vas leyendo cada una de las Disertaciones, la conciencia de tu esencia divina puede activarse y tu relación con Dios profundizarse.

Espirituales en esencia, las Disertaciones son compatibles con cualquier creencia religiosa. De hecho, la mayoría de sus lectores considera que las Disertaciones apoyan su experiencia en el sendero, filosofía o religión que han elegido seguir. En palabras simples, las Disertaciones tratan sobre verdades eternas y hablan de la sabiduría del corazón.

El primer año de Disertaciones aborda temas que van desde la creación del éxito en el mundo, hasta el trabajo de la mano del Espíritu.

El juego de doce Disertaciones para un año tiene un valor de US$100 (cien dólares). El MSIA ofrece el primer año de Disertaciones a un precio de introducción de US$50 (cincuenta dólares). Las Disertaciones vienen con una garantía de devolución de dinero sin cuestionamientos. Si en algún momento decides que estos estudios no son para ti, simplemente devuelve el juego completo y recibirás el reembolso total de tu dinero.

GLOSARIO

Alma: Esencia de Dios en el cuerpo físico. Es el elemento básico de la existencia humana, conectado a Dios por siempre. El Dios interno.

Ejercicios Espirituales: Técnica activa que circunvala el paso por la mente y las emociones, cantando un tono o sonido espiritual para conectarse con la Corriente del Sonido. Ayuda a la persona a liberarse de las ilusiones y de los niveles inferiores y, en definitiva, a acceder a la conciencia del Alma y más arriba.

Espíritu: Esencia de la creación. Es infinito y eterno.

Imaginación creativa: Nivel de la conciencia humana donde tiene lugar la visualización. Herramienta para la creatividad, el cambio interior y la manifestación.

Inconsciente: Nivel de la conciencia humana entre el nivel mental y el Alma. Depósito de la simbología. La única manera de comunicarse en el inconsciente es inconscientemente. Puede ser despejado mediante la contemplación, la observación neutra y la técnica de escritura libre.

Karma: Ley de causa y efecto que dice: "Cosechas lo que siembras". Responsabilidad de la persona ante cada uno de sus actos. Es la ley que dirige y, a veces, domina la existencia física de una persona.

Ley de causa y efecto: Ver Karma

Luz: Energía del Espíritu que impregna todos los niveles de conciencia sin imponerse. Cuando se la invoca diciendo "para el bien mayor", incorpora la presencia y sabiduría del Espíritu.

Mantra: Nombre sagrado de Dios, entonado para elevar y refinar la conciencia de una persona.

Mente subconsciente: Fuerza poderosa y neutra en la conciencia humana, que a veces parece tener "voluntad propia". Trata de completar lo que la mente consciente ha comenzado. Toma en cuenta todos los detalles. A veces, conecta detalles entre sí que parecen innecesarios. Puede ser despejada a través de la imaginación/visualización creativa.

Mente universal/energía universal: Extensión de la energía espiritual; una fuerza creativa esencialmente amorfa, neutra y omnipresente. Localizada en la parte más alta del reino etérico, en la línea que divide los reinos negativos (físico, imaginativo, emocional, mental e inconsciente) de los reinos positivos (el Alma y más arriba). Obtiene su energía del reino mental. Fuente de la mente individual.

Niveles de conciencia: Planos o reinos de existencia más allá del mundo físico, que corresponden a los siguientes componentes de la conciencia humana: imaginación, mente, emociones, subconsciente, inconsciente y Alma.

Psíquico: Reino no físico, a menudo invisible; planos por debajo del Reino del Alma.

Para el bien mayor: "Cláusula de seguridad" cuando se trabaja con la mente universal. Incorpora la presencia del Espíritu en el cumplimiento de los pedidos y las programaciones.

Reino etérico: Reino psíquico-material ubicado por sobre el reino mental y por debajo del reino del Alma. Se lo equipara con los niveles del inconsciente o el subconsciente. A veces, conocido como el reino esotérico.

Teatro de la mente: Ver Imaginación creativa.

Trascendencia del Alma: Conocerse a uno mismo como Alma y como uno con Dios. Se logra trascendiendo los niveles inferiores: físico, astral (imaginación), causal (emociones), mental y etérico (inconsciente) y accediendo al reino del Alma y más arriba. El trabajo del Viajero Místico.

www.ingramcontent.com/pod-product-compliance
Lightning Source LLC
Chambersburg PA
CBHW031516040426
42445CB00009B/263